LE THÉÂTRE

ET

L'EXISTENCE

DU MÊME AUTEUR

Philosophie du théâtre

L'essence du théâtre, Paris, Plon, 1943 ; Aubier, 1968 ;
Vrin, 2002. Traduction espagnole, Madrid, Artola, 1954 ;
traduction japonaise, Tokyo, Kenichi Sasaki, 1976.

Le théâtre et l'existence, Paris, Aubier, 1952 ; Vrin, 1973 ;
traduction japonaise, Tokyo, Kenichi Sasaki, 1990.

Le théâtre et les arts à deux temps, Paris, Flammarion, 1989.

L'œuvre théâtrale, Paris, Flammarion, 1958 ; Plan de la Tour,
Les Éditions d'aujourd'hui, 1978.

Notre ami Maurice Barrès, Paris, Aubier, 1928.

Renan, auteur dramatique, Paris, Vrin, 1972.

Antonin Artaud et l'essence du théâtre, Paris, Vrin, 1974.

BIBLIOTHÈQUE DES TEXTES PHILOSOPHIQUES

Fondateur : Henri GOUHIER   Directeur : Jean-François COURTINE

Henri GOUHIER

LE THÉÂTRE
ET
L'EXISTENCE

Nouvelle édition
Sixième tirage

PARIS

LIBRAIRIE PHILOSOPHIQUE J. VRIN

6, Place de la Sorbonne, V^e

2004

© *Librairie Philosophique J. VRIN,* 1991
Imprimé en France
ISBN 2-7116-0328-8

www.vrin.fr

A MARIE-LOUISE

AVANT-PROPOS

« *Qu'est-ce que le théâtre?*

« *La question relève de la philosophie, si la philosophie est une réflexion sur les premiers principes et la nature des choses...* »

Ces lignes ouvrent un Avant-propos qui servira d'introduction au présent livre comme au précédent (1).

Après l'essence, l'existence.

C'est la même recherche qui continue. Très exactement, elle suit la direction qui avait été indiquée dans L'Essence du théâtre *au chapitre :* Catégories dramatiques et catégories esthétiques.

Après avoir essayé de dire ce qu'il est, la philosophie du théâtre le regarde tel qu'il est, le considérant non plus en tant qu'il est théâtre mais en tant qu'il est, par exemple, théâtre tragique, théâtre dramatique, théâtre comique, théâtre féerique : or, ces adjectifs qualifient ce qui arrive sur la scène, ce qui reçoit l'existence du théâtre et au théâtre.

Naturellement, si le théâtre prend ces diverses formes, c'est qu'elles ne sont pas seulement des manières théâtrales d'exister : leur étude justifie la double image qui, à la fois, oppose et rapproche le monde de la scène et la scène du monde.

De là deux façons de la traiter.

La philosophie du drame n'est pas chose nouvelle; mais, le plus souvent, elle est entièrement constituée avant

(1) *L'Essence du théâtre*, Plon, 1943.

même que la métaphysique rencontre le théâtre. Le tra-
gique, par exemple, trouve son sens au sein d'une vision
du monde à laquelle le théâtre vient ensuite offrir une
illustration. Une étude moins sommaire le montrerait
avec Hegel ou Schopenhauer et déjà sans doute avec
Platon (1).

Ne pourrait-on essayer d'aller du théâtre à la philo-
sophie et non plus de la philosophie au théâtre?

Si le théâtre ne fait pas appel à des catégories qu'il
aurait le privilège de créer, du moins a-t-il le privilège de
les manifester avec une pureté dramatique qui en permet
une analyse plus exacte. Il offre une collection d'histoires
qui furent justement inventées pour être dramatiques et le
paraître. Sophocle représente les malheurs d'Œdipe à cause
de leur puissance tragique; Molière, les mésaventures de
M. de Pourceaugnac à cause de leur force comique. Des
publics toujours nouveaux ne cessent de percevoir cette
puissance tragique et cette force comique. Allons donc
chercher le tragique dans les tragédies, le dramatique dans
les drames, le comique dans les comédies et les farces,
puisque les œuvres théâtrales constituent un répertoire
d'événements et de situations conçus à seule fin de les
manifester.

Mais demander à la tragédie le sens du tragique ou à
la comédie le sens du comique, n'est-ce point tourner en
rond? Ne faudrait-il pas savoir ce qu'est le tragique pour
écrire ou reconnaître une tragédie? ce qu'est le comique
pour écrire ou reconnaître une comédie?

Il y a cercle, mais nullement vicieux : c'est le cercle de
la connaissance précise.

(1) Voir, par exemple, Victor Goldschmidt, *Le Problème de
la tragédie d'après Platon*, dans *Revue des Études grecques*, 1948;
P. Bertrand, *Le Sens du tragique chez Hegel*, dans *Revue de
Métaphysique et de Morale*, avril 1940; Jean Hyppolite, *Genèse
et structure de la Phénoménologie de l'Esprit de Hegel*, Aubier,
1946, p. 340 sq.; André Fauconnet, *L'Esthétique de Schopenhauer*,
Alcan, 1913, ch. XIII, XIV et XV.

L'expérience et la culture mettent l'esprit en possession d'un riche vocabulaire et, avec lui, de concepts parfaitement élaborés dont il connaît le sens assez distinctement pour les distinguer les uns des autres mais pas assez distinctement pour distinguer tout ce que chacun d'eux contient. Ainsi Lachès, le soldat courageux, est bien incapable de définir le courage dont il a su pourtant prouver qu'il le connaissait. Euthyphron, l'homme pieux, est bien incapable de définir la piété dont cependant sa vie témoigne qu'il la connaissait. Et Socrate sourit de leur embarras.

La réflexion philosophique consiste justement à réfléchir la perception confuse en perception précise, quand l'intelligence ne se contente plus de la lumière qui dessine les contours mais cherche celle qui éclaire l'intérieur.

Les poètes qui ont écrit les plus authentiques tragédies n'eussent peut-être su expliquer pourquoi elles sont tragiques. Des spectateurs innombrables ont perçu cette qualité tragique sans avoir besoin de définition pour la reconnaître. Il n'est question de faire la leçon ni aux uns ni aux autres, mais, au contraire, de tirer la leçon du fait dramatique que représente une tragédie vivifiée par la vérification continue de sa qualité tragique, du fait dramatique que représente Hamlet reconnu comme tragique pendant près de quatre siècles, par les publics les plus divers, sur des scènes d'architecture très différente, à travers des interprétations toujours nouvelles.

L'histoire du théâtre serait ainsi une vaste expérience humaine où la réflexion philosophique découvre les catégories dramatiques en action (1).

---

(1) Les thèses des chapitres II et III ont été présentées sous le titre : *Sens du tragique* dans *La Revue théâtrale*, mai 1946. Celles du chapitre V, sous le titre : *L'Esprit de la comédie*, dans *Prisma*, Stockholm, 1949; et sous le titre : *Condition du comique*, dans *Revue d'Esthétique*, juillet-décembre 1950. La partie III du chapitre VI reprend un article: *Un merveilleux scientifique est-il possible?*, paru dans *Opéra*, 9 avril 1947.

CHAPITRE PREMIER

L'UNIVERS DRAMATIQUE

I. — LES CATÉGORIES DRAMATIQUES.

L'essence du théâtre tient en deux mots : τὸ δρᾶμα ou l'action, τὸ θέατρον, le lieu où l'on voit. Ainsi, l'étymologie fait de l'action la racine du drame et, dans ses divers sens, théâtre suppose toujours spectacle. Comme une action ne peut être vue que si elle est présente, celle qui n'est pas réellement vécue doit être rendue présente par la représentation : autrement dit, la représentation est inscrite dans la nature même de l'art qui est à la fois dramatique et théâtral.

Que l'action soit vécue ou représentée, elle est susceptible des mêmes appréciations, elle tombe sous les mêmes *catégories*. Ce mot est pris dans une acception si indépendante de toute philosophie particulière qu'elle n'est philosophique en aucune façon : les catégories désignent ici des répertoires d'adjectifs à l'aide desquels nous qualifions les actions et nos réactions; elles correspondent à des points de vue qui définissent divers ordres de jugements.

Il y a un point de vue moral : les actions sont alors jugées bonnes ou mauvaises, ainsi que les volontés d'où elles procèdent et les conséquences dont elles sont l'origine. Quand l'action est production, elle est utile ou inutile ou nuisible, mots qui conviennent également au producteur et au produit : c'est le point de vue économique. Si l'artisan qui produit est aussi un artiste qui crée, nous considérons son activité au point de vue esthétique et nous disons ses œuvres belles ou laides.

Mais voici d'autres jugements. Une humanité sous la menace de la bombe atomique, c'est vraiment tragique!... Ces mineurs ensevelis dans leur mine, quelle catastrophe dramatique!... Avec sa vertu aussi intransigeante que tardive, voyez comme cette vieille coquette est comique! L'action, maintenant, n'est plus rapportée à l'agent moral ou au producteur de choses utiles ou au créateur de belles œuvres. Trouver comique l'étalage d'une vertu qu'un passé trop oublié devrait rendre moins provocante, ce n'est point juger au nom du bien et du mal : la vertu est toujours bonne même si elle est ridicule dans ses manifestations. Que la catastrophe arrête la production de la mine, est-ce cela qui la rend dramatique? Évidemment non. Un Néron imaginant les Hiroshima de l'avenir jouirait peut-être de la beauté du spectacle : le tragique exprime un intérêt d'une autre sorte.

Il y a donc, sur l'action, un point de vue qui n'est ni moral, ni économique, ni esthétique et pour lequel le vocabulaire usuel ne fournit aucun adjectif. Que signifie-t-il?

D'abord, un étonnement, ou plutôt des étonnements puisque tragique, dramatique, comique ne correspondent pas aux mêmes impressions, et l'on pourrait multiplier les nuances en parlant de bouffon, burlesque, féerique, fantastique... Mais, quelle que soit la manière de s'étonner, un étonnement renvoie aussitôt à ce qui étonne : dans les cas cités, ce qui étonne, c'est simplement ce qui arrive, *evenit*, l'événement ou, dans une traduction plus précise, l'événement avec la situation qui en naît.

La bombe est jetée, ses mécanismes jouent, voilà l'événement; des morts innombrables, des villes en ruines, un énorme territoire dévasté, voilà la situation ou du moins les remous les plus proches de l'événement et les plus violemment éclairés, car il y aura une situation politique nouvelle pour les peuples engagés dans le conflit et aussi une situation morale nouvelle pour tout homme pourvu d'une conscience. Que, dans un salon, une digne personne montre pour les autres une sévérité qu'elle n'eut jamais pour elle-même, ce n'est qu'un mince événement mais qui, réveillant le souvenir d'aventures moins austères, provoque un contraste et ce contraste définit la situation dans laquelle se met le diable devenu ermite et prédicateur. Tragique, dramatique, comique et les catégories de ce genre qualifient donc l'action prise en tant qu'événement produisant une situation.

Événement et situation ne sont distingués que par une abstraction commode. Dans le langage courant, ce qui arrive désigne aussi bien la situation que l'événement. Qu'est-il arrivé dans cette mine? Tel accident et dix morts. En effet, ce que nous appelons situation est une collection d'événements qui, chacun, créent une situation, elle-même faite d'événements qui chacun... etc. La mort de ce mineur est un événement mettant sa famille dans une certaine situation morale et matérielle qui se traduit en événements, choc nerveux avec troubles graves chez la mère, diminution brusque de ressources bouleversant la vie des enfants, etc. Événement et situation sont inséparables comme deux moments d'un même rythme. Or, ce rythme, ne serait-ce pas l'existence historique définie dans son historicité?

Peu importent ses dimensions, bombe qui explose ou parole qui s'envole, le fait s'inscrit dans un temps où ce qui arrive n'arrive qu'une fois, où ce qui est arrivé ne peut et ne pourra jamais ne pas être arrivé, temps impitoyablement irréversible où l'homme ne redevient pas enfant et où Dieu même n'aurait pas la puissance de « faire machine arrière », temps impitoyablement conservateur où rien ne se perd sauf la jeunesse, où les blessures persistent en cicatrices et les fautes en remords. Ce temps est historique et distinct du temps mathématique justement par ce double caractère : ce qui arrive passe et ne passe pas; au moment où l'événement passe, il se passe quelque chose qui est une certaine situation par laquelle cet événement survit dans ses conséquences. La bombe tombe, voilà l'événement qui passe, mais les morts, les ruines, les leçons militaires de sa réussite prolongent l'événement dans une infinité d'autres événements qui, pour ainsi dire, lui dessinent une forme. Tragique, dramatique, comique et les catégories de ce genre, qualifiant événement et situation, sont donc des façons de penser l'historique (1).

Un événement et une situation, bien entendu, sont historiques même si aucun livre n'en doit conserver la trace. Si insignifiante que soit ma personne, ma vie est une histoire et ce qui m'arrive est historique. Ces mots qualifient mon existence, non ma valeur.

Ainsi, à chaque instant, je suis au centre ou à la périphérie ou en face de situations liées à des événements, si bien que l'existence la plus banale oblige non seulement à regarder des objets et à concevoir des idées, mais à penser ce qui arrive, non seulement à deviner les intentions d'autrui et à lire sous les mots, mais à penser l'aventure, ce qui advient. Tragique, dramatique, comique et les catégories de ce genre relèvent de la psychologie de la vie quotidienne, plus précisément du chapitre qui devrait être réservé à la psychologie de l'homme devant l'histoire.

(1) En gros, le mot a trois sens dont le langage courant use avec une sûreté qui exclut toute confusion : historique renvoie 1° à l'œuvre de l'historien, à l'histoire qui raconte ou explique; 2° aux faits que leur importance désigne pour entrer dans l'histoire de l'historien; 3° à ce qui arrive dans le temps vécu. Pour ces problèmes, voir Raymond ARON, *Introduction à la philosophie de l'histoire*, Gallimard, 1938.

M. Teste refuse le tragique et le dramatique, justement parce qu'ils tiennent à l'existence historique, au-
dessous de « ces problèmes abstraits où je suis déjà
tout entier situé (1) ».

Le théâtre ne fait pas appel à des catégories qu'il
aurait le privilège de créer. Le drame est dans le monde
avant d'être sur la scène. Les Grecs ont créé leur tragédie pour exprimer la situation tragique de l'homme
dans l'univers. Et « la comédie aux cent actes divers »
se joue à la cour et à la ville d'où elle s'élance vers la
fable et les tréteaux. Si nous parlons de catégories
dramatiques, l'adjectif donne à l'expression un sens
large et pourtant très précis.

Dramatique rapporte les catégories à ce *drama* qui
est l'action vécue ou représentée, représentée sur la
scène ou projetée sur l'écran, figurée sur la toile, fixée
dans la pierre, transposée en mélodie. Ainsi, l'usage
des catégories dramatiques n'est nullement limité à
l'art qui porte le même nom. D'abord, avant de qualifier les histoires du théâtre, elles qualifient celles de
l'existence, s'appliquant en dehors de l'art, quel qu'il
soit. D'autre part, dans la mesure où ils sont imitation
ou invention ou simple évocation d'une action, tous les
arts les font jouer : il y a des romans tragiques, des
films fantastiques, des danses burlesques, des dessins
comiques, un humour musical, etc. Toutefois dramatique par excellence est l'art qui ne représente pas
l'action avec des mots ou sur une toile ou dans le marbre
mais la rend présente et actuelle par l'existence de
l'acteur (2).

(1) Paul VALÉRY, *Monsieur Teste*, Gallimard, 1927, p. 113.
(2) Bien entendu, le mot « dramatique » est couramment pris
en deux sens : le sens large, relatif à *drama*, est celui que nous
venons de définir pour « catégories dramatiques » et « art dramatique » ; un autre sens distingue parmi les « catégories dramatiques » une « catégorie du dramatique » qui n'est ni celle du
tragique ni celle du comique. Les équivoques de ce genre nous

II. — OBJECTIVITÉ ET ANTHROPOCENTRISME.

Devant ce qui arrive, l'homme éprouve certains étonnements : les catégories dramatiques qualifient ce qui étonne; si l'on s'en sert pour caractériser l'étonnement lui-même, c'est justement parce que l'on projette en lui un caractère de ce qui le provoque.

Il ne faut pas être dupe d'expressions telles que « sentiment tragique », « émotion dramatique »; à parler exactement, ce n'est pas le sentiment qui est tragique ni l'émotion qui est dramatique mais ce qui fait naître le sentiment ou l'émotion. On dit plus couramment « sentiment du comique » que « sentiment comique » : la nuance corrige heureusement une manière de parler qui frôle le faux sens.

« Sentiment du tragique », « sentiment du dramatique », « sentiment du comique », même dans ces expressions plus conformes à la fonction des catégories, « sentiment » est-il le mot qui convient? Le sentiment proprement dit est un signal indiquant comment le sujet se sent dans telle situation : tragique, dramatique, comique qualifient la situation elle-même. Horreur, pitié, angoisse, peur, voilà des sentiments que je vais peut-être éprouver devant le tragique : ils m'informent sur moi-même quand j'assiste aux malheurs d'Œdipe, ils m'avertissent de ce qui se passe en moi à l'occasion du tragique qui, lui, colore l'histoire d'Œdipe. Y a-t-il avantage à prendre le même mot pour désigner la conscience que j'ai de l'état de mon âme et la connaissance que j'ai de la situation d'Œdipe?

Sentir le tragique ou le dramatique ou le comique, c'est être capable de le reconnaître et de l'affirmer dans

---

sont tellement familières qu'elles ne sont pas gênantes; comme disait Malebranche, ne perdons pas trop de temps à « définir les termes lorsque la suite du discours détermine le sens auquel on les prend » (*Recherche de la vérité*, Éclaircissement III).

ce qui arrive, reconnaissance et affirmation qui, par leur prétention à l'objectivité, ont une orientation exactement contraire à celle du sentiment par lequel le sujet se sent lui-même. Parlons plutôt de perception.

Les catégories dramatiques relèvent de la psychologie de l'homme devant l'histoire; précisons maintenant : psychologie de sa perception de l'historique.

Je frémis en lisant le récit d'un accident de chemin de fer et des scènes déchirantes qui se déroulent : ce que j'appelle dramatique, c'est la série des faits, déraillement, blessures, agonies, etc. et je les appelle ainsi parce qu'ils m'apparaissent tels. Dramatique, tragique, comique, sont perçus comme des qualités de l'événement et de la situation, des qualités aussi spontanément objectivées que les couleurs ou les sons.

Tout de même, dira-t-on, n'est-ce pas singulièrement méconnaître la part du sujet dans ces prétendues perceptions? Il n'est pas sûr que tous les spectateurs « perçoivent » le tragique de *Partage de midi* et que, dans cette même pièce, le comique de la nouvelle version soit « perçu » par les claudéliens comme par M. Paul Claudel. Il en serait donc des catégories dramatiques comme « des goûts et des couleurs »... Précisément, comme « des couleurs ». Claude Monet et son jardinier voient les mêmes nymphéas : ce n'est pas tout à fait la même vision. A des degrés divers, chaque perception est ma perception : ce qui la fait perception et la distingue d'un sentiment, c'est une certaine intention qui me tourne vers le dehors : si personnel que soit le regard, il vise un objet. Ceci reste vrai, que je perçoive l'inoubliable manteau rouge dont M. Gaston Baty couvre Lorenzaccio ou l'intensité dramatique de l'action qui s'achève quand ce manteau rouge devient une flaque de sang.

Métaphores... Mais non! Admettons que mon regard projette devant mes yeux une image de mes rêves : il *jette devant...*, il reste tendu vers un objet, *ob-jectum*.

Cette intention oriente toute perception, serait-ce une fausse perception, et elle se manifeste avec vigueur dès que l'on conteste « ce que mes yeux ont vu » : les témoins ont toujours le verbe haut. Les précieuses sont ridicules : mon affirmation postule que je les vois ridicules et que, dans la salle, tous les voient ainsi; qu'un original dise le contraire, je le soupçonne de mauvaise vue ou de mauvaise foi. Si je ne pleure pas au mélodrame, Margot me juge insensible, c'est-à-dire dépourvu d'un sens. Qu'il s'agisse de choses matérielles ou d'événements, la perception se charge d'objectivité.

Tragique, dramatique, comique, féerique, bouffon, etc. ne désignent pas des états d'âme mais des qualités perçues dans l'événement comme le timbre est perçu dans le son : c'est donc dans les événements que l'analyse doit découvrir ce qui correspond à ces mots. Que l'on reconnaisse la présence du tragique ou du comique à travers certaines émotions, cela n'implique en aucune manière que ces émotions définissent le tragique ou le comique : cela prouve simplement que le tragique et le comique sont sources d'émotions.

Ils ne seraient toutefois sources d'aucune émotion si les histoires ainsi qualifiées ne nous touchaient pas. Sans doute est-ce même cet intérêt qui rend si facile la confusion entre perception et sentiment. D'où vient-il?

Avant l'apparition de l'homme, l'univers fut le théâtre de bouleversements qui défient l'imagination, mais un théâtre sans drame. Le déluge n'est tragique qu'avec Noé. Si grandioses qu'elles soient, les pluies d'étoiles et les convulsions de la terre éveillent des sentiments qui ne reflètent aucune perception comparable à celle du fait divers annonçant qu'un banal éboulement a écrasé un alpiniste. Les catégories dramatiques jouent au moment où l'événement crée une situation qui intéresse l'homme.

Tout change, en effet, si les siècles qui précèdent l'humanité plantent le décor de son action, si l'évolution des espèces raconte sa généalogie, si le monde de Lucrèce tourne autour du sage selon Épicure. Les catégories dramatiques expriment une vision anthropocentrique de l'univers. C'est, d'ailleurs, pourquoi la vision du monde les exclut dès qu'elle devient scientifique. La science, même celle de l'homme, se veut inhumaine. Si ardent que soit son désir d'obtenir la guérison, le physiologiste ne suit pas dans les tissus malades un *processus* aboutissant à une situation tragique, pas plus qu'il ne considère dans le hoquet un phénomène créant une situation comique : les faits sont ici des événements biologiques pris en tant qu'ils définissent une situation également et strictement biologique. Pour être connus tels qu'ils sont, ils ne doivent être, aux yeux du savant, que ce qu'ils sont. Une perception dramatique, au contraire, les situe dans un univers dont l'homme est le centre, les doublant d'une signification qui les rapporte à cet homme.

Les catégories dramatiques n'affectent pas une histoire qui ne serait que naturelle mais celle où l'homme s'ajoute à la nature. Alors le tremblement de terre n'est plus uniquement un épisode géologique : il signifie des vies brusquement fauchées, des familles sans foyers, des œuvres d'art détruites; il signifie peut-être un châtiment par lequel ces maux affreux seraient l'envers d'un bien; quoi qu'il en soit, le tragique ou le drame surgit quand les faits ne sont plus insignifiants, sans signification pour l'homme. De même, il faut penser à un visage ou à une silhouette d'homme pour transformer en personnage comique ce singe qui cesse alors d'être un échantillon d'une espèce cataloguée par la zoologie pour devenir ce bon monsieur X..., comme dans cette caricature où, montrant du doigt l'animal, un enfant, tout joyeux, s'écrie : papa!

Ainsi, les catégories dramatiques doublent de significations les événements et les situations, significations qui les rapportent à l'homme.

A quel homme?

Ni à l'homme en général ni à moi en particulier. L'homme en général et moi en particulier sont des abstractions étrangères à cette pensée concrète qu'informent les catégories dramatiques dans l'invention du poète comme dans les réactions du spectateur. Il n'arrive rien à l'homme que la généralisation a vidé d'existence historique et, d'un autre côté, je ne me connais jamais comme moi qu'à travers une image de l'homme qui vise à l'universalité, par le seul fait que ma conduite postule naïvement : « Si tout le monde était comme moi... »

On voit ici ce qu'est l'objectivité des catégories dramatiques : tout simplement celle que nous avons l'habitude d'accorder aux significations. Toute signification postule un système de références qui la pose comme universellement valable, au moins à la limite.

Les catégories dramatiques jouent dans une vision anthropocentrique du monde : elles sont objectives dans la mesure où les hommes reconnaissent au centre du monde une même image de l'homme; tragique, dramatique, comique signifient des relations objectivement perçues dans la mesure où événements et situations sont rapportés au même homme.

Mais une image de l'homme installée au centre de l'univers dramatique, n'est-ce pas ce que l'on appelle une philosophie?

Philosophie de philosophe ou philosophie de M. Jourdain, la philosophie n'est-elle pas le lieu où se heurtent des vérités qui essaient vainement d'être vraies pour tout le monde?

Si le tragique, le dramatique, le comique, le merveilleux ne représentent des significations objectives que relativement à une philosophie de l'homme, n'est-ce point subordonner la vie même du théâtre à ces « questions disputées » qui sont posées et discutées en dehors du théâtre?

N'est-ce pas reconnaître que la communion dramatique coïncide avec la participation à une même philosophie et a pour condition une unanimité spirituelle?

« Il n'y aura de théâtre nouveau que le jour où
l'homme de la salle pourra murmurer les paroles de
l'homme de la scène en même temps que lui et du même
cœur que lui (1). »

Rêve de Jacques Copeau, rêve qui hante les hommes
de théâtre comme la seule espérance à la hauteur de
leur foi. « Le théâtre, écrit aujourd'hui M. Jean Vilar,
n'intéresse les créateurs, les *témoins* que dans les époques
privilégiées, lorsqu'une croyance, qu'elle soit confes-
sionnelle, païenne ou athée, fait s'élever comme spontanément la voix du poète dramatique et se rassembler
autour de lui la foule mue par un même espoir (2). »

Quelques pages plus haut, M. Jean Vilar fait une
remarque qui limite singulièrement la portée de ce
thème. « Le seul poète dramatique français — je veux
dire Claudel — dont nous puissions nous enorgueillir
est un poète catholique enfermé dans un monde confes-
sionnel contre lequel toutes les autres religions, philosophies et croyances de l'homme moderne, s'in-
surgent (3)... » Alors, d'où vient, dans les dernières
années, cette découverte du drame claudélien qui ne
peut s'expliquer par une communion de l'auteur et du
public dans le « même espoir »?

(1) Cf. *L'Essence du théâtre*, p. 215; sur la participation et la
communion au théâtre, voir ch. X, I et II. La formule de Copeau
est souvent citée et commentée; par exemple : Eric BENTLEY,
dans *Théâtre Arts*, mars 1950; Gratien GÉLINAS, *Un théâtre natio-
nal populaire*, Montréal, *L'Action Universitaire*, avril 1949; Vincent TOVELL, *Letters in Canada*, dans *University of Toronto Quarterly*, avril 1950.

(2) Jean VILAR, *Le Metteur en scène et l'œuvre dramatique*, dans
La Revue théâtrale, no 3, octobre 1946, p. 318. Est-ce qu'en fait
l'histoire justifie le rapport entre la grandeur du théâtre et l'unité
spirituelle du groupe? M. André VILLIERS pose la question, *La
Psychologie de l'art dramatique*, Collection A. Colin, 1951, p. 13-15.

(3) *Ibidem.*, p. 306.

Laissons de côté les catholiques qui ne le sont pas à la manière de Claudel, et même tous les chrétiens : il reste ceux qui se disent agnostiques ou sceptiques ou athées; acteurs, ils servent l'œuvre avec ferveur; critiques, ils en déchiffrent la signification mystique; spectateurs, ils sont émus. Alors?

On dira : toute vie spirituelle et toute dogmatique « expriment », au sens premier du mot, de l'humain et rien d'humain ne reste étranger à une âme bien née ou simplement cultivée. Soit, mais ne parlons plus alors de communion autour de croyances précises, puisque l'unanimité se fait autour de ce qui peut demeurer dans une croyance quand elle cesse d'être précise.

On dira : toute vision du monde, pourvu qu'elle inspire un vrai poète, apparaît comme une résultante dont chaque famille spirituelle extrait la composante qui lui convient. Bien sûr! mais il sera toujours facile de reconnaître dans un païen d'hier ou d'aujourd'hui « une âme naturellement chrétienne », comme dans un chrétien sincère un révolutionnaire mystifié par un mythe.

Une dialectique fera sans peine coïncider la communion dramatique avec une unanimité spirituelle, mais bien extérieure à l'émotion réelle qui unissait le public à M. Jean Vilar quand il jouait au Vieux-Colombier la tragédie chrétienne de T. S. Eliot, *Meurtre dans la cathédrale*. Pour les uns, Thomas Becket était un martyr de leur foi; pour d'autres, le symbole catholique d'une primauté du spirituel valable en dehors de la spiritualité catholique; pour les uns comme pour les autres, la tentation du martyre pouvait représenter une tragédie intime concevable partout où une grande cause fait lever des héros et où la passion de la gloire risque de troubler la pureté du sacrifice. On voit très bien la possibilité d'un dénominateur idéologique commun. Trop bien même. Est-ce que la réflexion ne reconstruit pas, après coup, une unanimité spirituelle là où il y eut, d'abord, une communion purement dramatique en dépit des divergences spirituelles?

Mais qu'est-ce que cette communion purement dramatique?

III. — DE L'EXISTENCE.

Les catégories dramatiques qualifient événements et situations qui créent l'historicité de l'existence. Pour percevoir le tragique ou le dramatique ou le comique de ce qui arrive, il faut donc que ce qui arrive soit tenu pour existant. Ceci n'est plus affaire de perception mais de jugement. Et ce jugement n'est pas seulement le fait de l'acteur qui rend l'action présente dans la représentation, mais du spectateur pour lequel cette présence signifie une existence réelle.

Un jugement d'existence, telle est la part du spectateur dans cette « réalisation » qu'est la représentation du drame.

Les spectateurs ne sont pas simplement des témoins : sans eux, ce qui se passe sur la scène n'aurait point d'existence.

Un homme est écrasé dans la rue : mon témoignage s'ajoute à l'événement sous forme de souvenirs plus ou moins exacts; je ne suis pour rien dans ce qui est arrivé. Au contraire, Hamlet meurt sur la scène parce que je veux bien croire qu'il meurt, comme il vit sur la scène parce que je veux bien croire qu'il vit.

La présence du public dans la salle n'est donc pas un épisode contingent : si le public ne vient plus, on ne joue plus. Il y a là une exigence qui n'est pas seulement d'ordre commercial mais qui tient à l'essence même du théâtre : on ne joue plus parce qu'il manque une condition fondamentale du jeu. Les personnages vivent sur la scène par la métamorphose de l'acteur qui cesse d'être M. Jean-Louis Barrault pour être Hamlet et, en même temps, par la complicité du spectateur qui consent à cette métamorphose.

Pas de jeu sans un public qui entre dans le jeu. Et entrer dans le jeu, c'est accorder l'existence à Hamlet.

Qu'est-ce que cette existence dont vivent les personnages sur la scène et à laquelle participent les choses qui meublent la scène? Il conviendra de s'y arrêter. Contentons-nous de remarquer ici qu'elle tient à un acte de bonne volonté. Dans le métro, il ne dépend pas de moi d'affirmer que mes voisins existent, ni la porte du wagon, ni le quai de la station. Quand le rideau se lève, rien ne m'empêche de refuser l'existence de Hamlet, rien sinon le fait que je suis venu précisément pour la lui accorder.

Il appartient à l'auteur, au metteur en scène et aux acteurs d'imposer au public un jugement d'existence : si grand que soit leur talent, il serait inefficace sans un acte de bonne volonté qui définit le spectateur et par lequel celui-ci est disposé à « se laisser faire ». Au théâtre, le public est nécessairement « bon public », par cette bonne volonté sans laquelle il ne serait pas un public de théâtre, profondément différent de celui qui, au stade et aux arènes, participe à un jeu sans métamorphose.

Le toréador, dans l'arène, est un homme qui exerce une fonction; que cette fonction soit spectaculaire, cela n'implique aucune vie imaginaire doublant la vie réelle : ce n'est pas une existence fictive qu'il risque dans ce dangereux ballet. Le toréador que regarde l'œil noir de Carmen n'existe que sous ce regard et par l'oubli volontaire de la biographie du chanteur qui n'a sans doute jamais taquiné le taureau de l'épée.

L'existence est affirmée dans la perception plutôt qu'elle n'est perçue.

Les perceptions m'apprennent comment une chose existe, non qu'elle existe. Plus exactement, elles sont des signaux qui déclenchent le jugement d'existence. Elles me donnent la couleur de la table et, avec la couleur, les lignes qui en dessinent la forme; une impression de résistance s'y ajoute quand je la touche, et de son quand je la frappe; tous ces renseignements, d'ailleurs, sont les produits d'opérations fort complexes où l'intelligence et la mémoire jouent un tel rôle que l'élément proprement sensoriel sert bien souvent de prétexte; dans la vie courante, une pure sensation ne correspond à aucune expérience. Rappelons simplement ceci : quand je vois cette table, je crois qu'elle existe; cette croyance est autre chose que le fait de voir, car je peux continuer à voir et pourtant suspendre la croyance en l'existence de ce que je vois, comme Descartes me le propose dans le doute méthodique. Le philosophe ne se demande pas alors si le bois de la table est vraiment jaune et vraiment résistant, mais si le bois jaune et résistant jouit d'une réalité hors du sujet qui le perçoit : son doute consiste à traiter la chose pensée comme ne signalant plus une existence, du moins tant que la raison ne lui en aura pas restitué le droit.

Croire que la table existe, cela veut dire, bien sûr, qu'existent aussi le plancher sur lequel la table est posée, et les murs qui coupent le plancher, et la terre dans laquelle s'enfoncent les murs... Prise en tant que chose perçue, la table est un objet distinct des autres et apparaissant d'autant plus distinct que la perception est plus précise : prise en tant que chose existant, elle existe avec tout ce à quoi elle tient et tout ce à quoi elle tient existe avec elle. Or, il est clair que ce tout est le tout : le plus léger fétu de paille, dès qu'il est perçu, signale l'existence de l'univers.

Le jugement d'existence porte directement sur l'existence du monde pris comme une totalité. Le monde pris comme une totalité déborde toute expérience et toute science : il n'y a un bout du monde ni pour l'homme qui marche, ni pour l'homme qui pense. En d'autres termes, la totalité des choses perceptibles et concevables ne peut entrer ni dans une perception ni dans un concept. Il ne s'agit pas là de propositions métaphysiques sur l'infinité du monde mais d'une assurance banale, sous-jacente aux recherches de l'astronome et aux explorations dans la stratosphère comme aux songes du petit pâtre qui regarde l'horizon. C'est pourquoi l'affirmation qui porte sur l'existence du tout non perceptible ne saurait être obtenue par une addition ou même une induction à partir d'affirmations portant sur l'existence des morceaux perçus : au point de vue de l'existence, je vais du monde à la table et non de la table au monde. Percevoir la table, c'est la détacher des choses que je vois autour d'elle et, à plus forte raison, de celles que je ne vois pas; c'est la séparer du plancher et des murs, des arbres et du soleil qui sont derrière les murs, des espaces que peuplent les étoiles derrière notre soleil. La poser comme existant sera, au contraire, l'introduire dans cet univers à l'intérieur duquel elle trouve la consistance de l'être et hors duquel il ne lui resterait que l'épaisseur d'une ombre.

Ainsi, quand je vois un objet, un jugement double aussitôt ma perception, par lequel j'affirme que la chose perçue existe et que l'univers existe avec elle puisqu'elle existe en lui. Inutile d'ajouter qu'un tel jugement est spontané et implicite; mais si quelqu'un prétendait que cette table n'existe pas et que je rêve, on le verrait aussitôt se détacher de la perception où il est comme absorbé, se poser pour lui-même dans ma protestation et sa justification.

Au théâtre comme dans la vie, le jugement d'existence pose un monde. Croire que Hamlet existe, c'est croire qu'existent aussi sa mère et Ophélie et tous les personnages de son drame; c'est conférer l'existence aux murs du château que je vois sur la scène et à ceux que je ne vois pas et à tout ce qui entoure ce château... Quand Hamlet quitte les remparts il ne rentre pas dans la coulisse avec l'acteur qui joue le rôle mais continue à vivre dans cet univers d'hommes, de bêtes, de choses qui existent avec lui dans son histoire et sans lequel son histoire ne peut être située.

Croire que Hamlet existe, c'est croire qu'existent aussi ou qu'ont existé tous ceux qui habitent la mémoire de Hamlet, de sorte que mon jugement déploie un immense passé dans la profondeur temporelle de l'action comme il projette un immense espace autour de la petite zone découpée par le jeu.

Cet espace et ce temps, faut-il le préciser, ne sont pas ces grands vides dans lesquels le géomètre dessine des figures sans épaisseurs et des mouvements sans mobiles : chaque drame a son espace et son temps : ils ne sont pas des cadres extérieurs à l'action comme l'espace des bornes kilométriques et le temps des horloges : c'est l'action elle-même qui, en se dilatant, engendre son espace d'une géographie plus ou moins poétique et son temps lourd d'histoires plus ou moins légendaires (1).

Le jugement par lequel mon bon vouloir fait exister Hamlet, ce jugement soulève un monde .

Le monde du drame n'est pas seulement l'univers physique auquel le corps appartient : c'est aussi et surtout l'univers spirituel qui enveloppe les âmes.

Pas de monde sans une vision du monde et sans une image de l'homme dans le monde.

Le conflit d'Antigone et de Créon a pour contexte dramatique une vision du monde, qui définit les rapports de l'homme avec les dieux et la structure morale de la cité, superposant des lois invisibles aux décrets du prince. « Réalisez » cette vision du monde et le tragique

(1) Sur le temps dramatique, voir Georges POULET, *Études sur le temps humain*, Edimbourg, The University Press, 1949 ou Paris, Plon, 1950, ch. IV, *Molière;* V, *Corneille* et surtout **VI**, *Notes sur le temps racinien; Études sur le temps humain*, II, *La Distance intérieure*, Plon, 1952, ch. I, *Marivaux*.

des situations s'impose immédiatement à l'esprit. Supprimez-la : tout ce qu'il y a de sacré dans la piété antique disparaît, ni Antigone ni Créon ne croient en la valeur des rites qui provoquent leur duel; ils se heurtent au-dessus des superstitions que l'État entretient dans les basses classes; aucune justice éternelle n'illumine le sacrifice : si le drame de M. Jean Anouilh est encore une tragédie, il s'agit d'un tout autre tragique commandé par une tout autre image de l'homme.

M. Gaston Baty a rappelé l'aventure de *Bérénice :* au temps de Louis XIV, le public se demande si Titus saura se conduire en chef d'État; au xxᵉ siècle, il se demande s'il aura le courage de mettre son amour au-dessus de tout. Même s'il ne se souvient pas de Louis XIV et de Maria Mancini, le contemporain du Grand Roi sent ce qu'il y a de sacré dans la raison d'État (1). La vision du monde et l'image de l'homme dans le monde ne sont plus tout à fait les mêmes aujourd'hui.

Ainsi, croire à l'existence d'Antigone sur la scène, c'est, du même coup, croire à l'existence du monde spirituel où elle est Antigone, où sa vie et sa mort sont tragiques. Croire à l'existence de Titus et de Bérénice, c'est, du même coup, croire à l'existence du monde spirituel à l'intérieur duquel leur amour est sans espoir. Les catégories dramatiques sont bien relatives à un système de références spirituelles mais ce système se trouve posé avec l'univers du drame, dans le jugement d'existence par lequel le spectateur entre dans le jeu.

L'objectivité et l'anthropocentrisme des catégories dramatiques ne font problème qu'à la faveur d'une confusion. Admettre les coordonnées spirituelles en fonction desquelles ces catégories qualifient l'existence

---

(1) Cf. *Baty nous dit...*, dans *Combat*, 4 février 1917. Des problèmes du même ordre sont posés par Gaston Baty dans *Rideau baissé*, Paris, Bordas, 1949 : *Phèdre et la mise en scène des classiques*, p. 175 *sq.* Voir aussi le cas du *Médecin de son honneur*, plus loin, p. 86-87.

sur la scène, c'est là un jugement très précis : les tenir pour vraies en dehors de la scène en est un autre.

On ne me demande pas de croire ce que Sophocle croyait mais d'entrer dans l'univers de sa croyance pour y « prendre au tragique » ce qui, dans l'univers d'une autre croyance, devrait sans doute être pris autrement. Si Antigone existe, elle existe avec sa foi aux lois invisibles; sans cette foi, elle n'est plus Antigone. Libre à vous de penser qu'elle est une petite sotte et qu'elle ferait mieux de laisser les morts s'enterrer eux-mêmes. Sous prétexte que sa foi est illusion à vos yeux, vous trouvez que son histoire n'a aucun sens : c'est dire que vous refusez de croire à son existence et votre mauvaise volonté vous met hors du jeu.

L'action des *Mains sales* a pour contexte une vision marxiste de l'histoire. Libre à vous de penser que les révolutionnaires de M. Jean-Paul Sartre sont torturés par des cas de conscience artificiels, soit parce que votre vision de l'histoire exclut le marxisme, soit parce que votre marxisme soupçonne dans leurs propos une espèce de « modernisme ». La situation ne peut être « prise au sérieux » dans l'univers que construit votre philosophie? Soit; mais c'est à vous d'en sortir : sinon, n'entrez pas au théâtre.

Qu'est-ce qu'une communion purement dramatique? demandions-nous. La question peut maintenant être posée puisqu'elle dicte en même temps la réponse.

Évitons de prendre pour une espèce d'unanimité spirituelle la communion que cherche le théâtre. Il s'agit d'unir auteur, acteurs et spectateurs non dans des croyances mais dans une simple volonté de croire : on nous demande d'avoir ensemble la volonté de croire non qu'il existe des fantômes dans notre monde mais que Hamlet existe et avec lui un monde dans lequel il y a des fantômes.

La communion requise par le théâtre est purement

dramatique puisqu'elle a pour centre l'action, *drama*. Elle se réalise au niveau de l'homme et du monde tels que mon bon vouloir les fait exister sur la scène et pour la salle, nullement au niveau de l'homme et du monde tels que les voient l'auteur en dehors de la scène et les spectateurs en dehors de la salle.

C'est pourquoi l'avenir du théâtre ne dépend pas de futures et problématiques unanimités spirituelles mais de l'apparition d'œuvres qui portent en elles la puissance de créer la communion dramatique. Le génie du poète et le talent des interprètes se reconnaissent justement à ce pouvoir d'imposer l'existence des personnages et de l'univers moral dans lequel ceux-ci respirent et vivent leur drame. Le pluralisme spirituel des sociétés contemporaines n'empêche en aucune façon la perception du tragique, du dramatique, du comique, quand le « poète » est vraiment digne de ce nom, quand il est créateur d'un monde dont l'existence fait taire nos philosophies.

CHAPITRE II

LE TRAGIQUE

« *Madame Butterfly*, tragédie japonaise », lit-on sur l'affiche de l'Opéra-Comique. Que peut-il bien y avoir de « japonais » dans cette œuvre dont le caractère le plus apparent est de n'en avoir aucun? Mais le substantif est encore plus étonnant que l'adjectif : il y a, si pareille expression est permise, une telle perfection dans la privation que l'absence même de tout reflet tragique éclaire, par contraste, ce qui constitue la véritable tragédie.

On connaît l'histoire. Un officier de la marine américaine joue à épouser une ingénue japonaise; or, celle-ci ne badine pas avec l'amour; son pseudo-mari la quitte, ce qui est tout naturel dans son métier; elle l'attend avec une patience qui suspend le vol du temps; quand le militaire au cœur léger a la singulière idée de revenir en compagnie de la jeune personne qui est sa femme devant les lois de son pays, Mme Butterfly comprend et se tue. Le coupable est très ennuyé et le consul des États-Unis encore bien davantage.

Où est le tragique? Il n'est pas nécessaire de savoir le définir pour éprouver sa présence ou constater son absence. Sans doute, le personnage le plus sympathique meurt sous nos yeux avec toute la lenteur qu'exige la partition; sans doute, il s'agit d'une mort violente et prématurée : et pourtant... Ce n'est ici qu'un fait divers mis en musique.

Il y avait cependant une possibilité tragique. A la fin du premier acte, un prêtre vient maudire celle qui, en se liant à l'étranger, trahit ses dieux. Imaginons une œuvre puissamment inspirée par le thème d'un amour sacrilège que poursuit une colère divine. Mme Butterfly brave les puissances surnaturelles; ses noces sont un défi aux maîtres du ciel et de la terre; ses malheurs signifient l'implacable présence d'une volonté inhumaine dans sa justice surhumaine : le fait divers est dépassé; l'action s'élève à cette grandeur que nous appelons tragique.

Pourquoi? Par la présence d'une transcendance.

On abuse aujourd'hui de ce mot. Il sera pris ici dans un sens très simple pour exprimer une chose très simple. Un événement n'est pas tragique par lui-même mais par ce qu'il signifie et cette signification est tragique lorsqu'elle introduit le signe d'une transcendance.

Œdipe se dispute avec un vieillard qui l'a bousculé; or ce vieillard est son père. Il arrive dans une ville où il ne connaît personne et où personne ne le connaît; il épouse une veuve : or cette veuve est sa mère. Le parricide n'est pas tragique par lui-même, ni l'inceste; et deux faits qui ne sont pas tragiques par eux-mêmes ne le deviennent point par la seule vertu de leur addition. Le tragique surgit du destin par lequel parricide et inceste sont les signes d'une conspiration divine.

Apollon, oui, c'est Apollon, mes amis,
Qui est l'auteur de mes cruelles, de mes atroces souf-
frances (1)...

---

(1) *Œdipe-Roi*, vers 1329-1330, trad. P. Masqueray, dans Sophocle, t. I, Les Belles-Lettres, 1922.

Ce destin funeste d'Œdipe monté par les dieux, cette Μοῖρα (1) qui se joue des précautions humaines, voilà la transcendance. Elle introduit dans l'action un nouveau terme situé au delà du monde sensible où elle se déroule et des volontés que manifeste « l'animal raisonnable ». Le mot « transcendance » désigne cet au-delà.

Il y a tragédie par la présence d'une transcendance, quelle que soit cette transcendance.

La Providence d'*Athalie* est une transcendance comme le Destin d'*Œdipe-Roi*. Il s'agit non plus d'une famille maudite mais d'un peuple béni. Ici et là, l'histoire est écrite dans le ciel avant d'être jouée sur la terre; ici et là, l'homme de Dieu lit l'avenir dans l'éternel présent.

Mais d'où vient que mon cœur frémit d'un saint effroi?
Est-ce l'Esprit divin qui s'empare de moi?
C'est lui-même. Il m'échauffe, il parle : mes yeux s'ouvrent,
Et les siècles obscurs devant moi se découvrent (2).

Et ils découvrent aussi la signification tragique de ce qui n'était encore qu' « une révolution de palais dans un temple (3) ». La prophétie de Joad situe les événements dans une histoire qui les déborde dans le temps parce qu'elle transcende le temps. Jusqu'alors, on nous avait émus avec le sort d'un enfant. Désormais, le salut de Joas figure le salut du monde. Cet Eliacin ingénu, ce futur assassin de Zacharie, le fils de son bienfaiteur, c'est aussi, c'est avant tout la race du Christ.

Le premier rôle de la pièce n'est pas indiqué dans la liste des personnages. La vieille reine ne s'y trompe pas :

Impitoyable Dieu, toi seul as tout conduit (4)

(1) *Ibidem*, vers 1302.
(2) *Athalie*, Acte III, scène VII.
(3) Mot d'Émile FAGUET, *Dix-septième siècle*, p. 315.
(4) *Athalie*, Acte V, scène VI.

« Toutes ces apparitions d'esprits que nous retrouvons à travers l'œuvre de Shakespeare, ne sont point là inventions d'un metteur en scène de pantomimes. » Et Gordon Craig précise : ces spectres « sont partie intégrante du drame et non pas circonstance extérieure; ce sont les manifestations visibles du monde surnaturel qui enveloppe le nôtre, exerçant sur nos actions une influence comparable à celle des *harmoniques* dans la science des sons, de ces vibrations que nous ne pouvons percevoir mais qui se confondent avec les sons ouïs, et font toute la différence entre le son du plus chétif instrument et l'ampleur souveraine du violon (1) ».

Le cas Hamlet est bien celui d'un grand nerveux auquel une intelligence trop lucide impose une excessive tension. Mais s'il est une victime de la connaissance de soi, celle-ci est exaspérée par une apparition qui le bouleverse dans son corps et dans son âme. Taine montrait dans le prince de Danemark un poète « qui s'oublie à contempler les fantômes qu'il se forge, qui voit trop bien le monde imaginaire pour jouer un rôle dans le monde réel (2) ». Pardon : trois soldats ont vu le spectre du vieux roi et ce sont eux qui préviennent Hamlet. Le Spectre figure une réalité aussi réelle que celle des vivants, quoique d'une autre espèce. Shakespeare lit le grand livre du monde dans une édition qui n'est pas celle de Taine : c'est pourquoi un être transcendant joue dans sa tragédie le rôle de premier moteur.

Le Spectre révèle le secret de sa mort au jeune prince : sans cette révélation, point de drame. Simple chiquenaude pour mettre l'action en mouvement? Nullement : le Spectre ne cesse de mouvoir le drame.

Hamlet ne met pas en doute la réalité du spectre,

(1) Edward Gordon CRAIG, *De l'art du théâtre*, traduction Geneviève SELIGMANN-LUI, Éditions de la Nouvelle Revue Française, Paris, s. d., p. 249 et 247.
(2) TAINE, *Histoire de la littérature anglaise*, t. II, Hachette, p. 245.

mais sa valeur morale, pour ainsi dire, lui est suspecte. Son premier mouvement fut de confiance : « C'est un honnête fantôme », *it is an honest ghost* (1). Puis il hésite : « Le spectre qui m'apparut peut bien être le diable...; et peut-être, fort de ma faiblesse et de ma mélancolie, abusant de son pouvoir sur les fantômes, me leurre-t-il afin de me damner. J'attends des preuves plus précises (2). » C'est donc pourquoi il fera jouer aux comédiens une scène de meurtre semblable à celle qui lui fut contée : le roi accusé sera là; s'il reste impassible, c'est que l'apparition est une ruse du diable (3); sinon... il s'agit d'une expérience pour établir la véracité du Spectre.

Pourquoi la folie semble-t-elle avoir été si spontanément chose tragique? Parce qu'elle a longtemps passé pour chose sacrée.

Quos vult perdere Jupiter, dementat prius

Les Érinyes qui poursuivent Oreste ne sont point de « vains fantômes ». « Ténèbres vivantes, têtes épaisses de serpents entrelacés », elles sont les déesses qui châtient le parricide même quand le bras fut armé par Apollon (4). La folie d'Oreste, c'est un drame qui se joue entre des dieux (5).

(1) Acte I, scène V, vers 138; traduit par André GIDE, Gallimard, 1946, p. 55.
(2) Acte II, scène II, vers 606-612; trad. GIDE, p. 98.
(3) Acte III, scène II, vers 82-84; trad. GIDE, p. 115. Indépendamment du spectre, la question de la transcendance se pose à chaque instant de la tragédie; voir les problèmes soulevés par Paul ARNOLD, *Frontières du théâtre*, Éditions du Pavois, 1946, ch. IV; James FEIBLEMAN, *The theory of « Hamlet »*, dans *Journal of the History of ideas*, avril 1946; Robert Speaight, *La Nature et la grâce dans l'univers shakespearien*, dans *Laval philosophique et théologique*, Vol. VI, n° 1, Québec, 1950.
(4) *Les Choéphores*, vers 1048 *sq.*, et Paul CLAUDEL, *Les Choéphores d'Eschyle*, N. R. F., 2ᵉ éd., 1920, p. 55.
(5) Paul MAZON, ESCHYLE, t. II, Les Belles-Lettres, 1925, p. 125.

« Ceux que Jupiter veut perdre... » Dès qu'il commence à voir le véritable visage de ses filles, le roi Lear écarte le terrible don divin. Comment oublier Laurence Olivier, à genoux, suppliant d'une petite voix qui redevient enfantine : *O, let me not be mad, not mad, sweet heaven! Keep me in temper : I would not be mad* (1)!

« Oh! fais que je ne sois pas fou, pas fou, doux ciel! Laisse-moi ma raison! Je ne voudrais pas être fou... » Trop tard. Les scènes de la lande accordent une « tempête sous un crâne » à une tempête dans le ciel; la seconde n'est pas le décor de la première : elle en est plutôt la musique. Une fureur cosmique secoue en même temps l'âme du vieux roi et le monde des choses. Il ne s'agit pas de promener un dément dans un paysage bouleversé par un orage, mais, par delà tout réalisme, de faire surgir une nature qui a cessé d'être naturelle, une nature qui est devenue tragiquement surnaturelle. Ce sont « les grands dieux qui mènent au-dessus de nos têtes cet horrible vacarme »...

> *the great Gods*
> *That keep this dreadful pother o'er our heads* (2).

La passion devient tragique dans la mesure où elle est une folie qui, comme telle, signifie une transcendance. Telle est la passion de Médée, celle de Phèdre, celle d'Othello, ces « possédés ».

« Possédés » par qui ou par quoi?

(1) *King Lear*, Acte I, scène V, texte établi et traduit par Camille CHEMIN, Collection bilingue, Paris, Aubier, 1942, p. 132.
(2) *Ibidem*, Acte III, scène II, p. 184. Commentant cette scène, Jacques Copeau écrit : « Shakespeare semble, ici, par une intuition géniale, remonter à la source première de la chronique, aux plus reculés mythes cosmiques où, dans le nom de *Lir*, certains folkloristes celtiques croient retrouver le dieu Neptune, dans les deux filles cruelles les rudes vents, dans Cordélia le doux zéphir. » (*Critiques d'un autre temps*, Éditions de la Nouvelle Revue Française, 1923, p. 169.)

« Ah! qu'à travers ma tête passe le trait de la flamme céleste (1)! »

Il passe, ce trait, mais ce n'est pas la brûlure mortelle que l'infortunée Médée implore en vain : il passe et « la haine meurtrière prend la place de l'amour (2) ». Les femmes de Corinthe ne s'y trompent pas : d'anciens crimes ont déchaîné la colère des dieux :

« O vous, resplendissants rayons du soleil, voyez cette femme funeste, avant que sur ses enfants elle ne porte une main sanglante... Va donc, lumière née de Zeus,... chasse de la maison la sanguinaire Erinys suscitée par les génies du mal (3)! »

Avant même d'avouer sa passion à Œnone, « la fille de Minos et de Pasiphaë » en reconnaît la folie démoniaque :

> Insensée, où suis-je? et qu'ai-je dit?
> Où laissai-je égarer mes vœux et mon esprit?
> Je l'ai perdu : les dieux m'en ont ravi l'usage (4).

Comment la « conscience pure » d'Othello — « *my perfect soul* » — (5) a-t-elle pu se laisser prendre aux mensonges de Iago? Qu'on relise l'admirable scène III du troisième acte. C'est une espèce de conversion au mal :

> *Iago,*
> *vois, d'un souffle je jette au vent mon fol amour.*
> *Envolé!*
> *Surgis hors de ton antre creux, noire vengeance!*
> *Cède, amour, ta couronne et ton trône en mon cœur*
> *A la cruelle haine! Enfle, sein, sous ta charge*
> *De langues de serpent (6)!*

(1) EURIPIDE, *Médée*, vers 144-145; éd. et trad. L. MÉRIDIER, Paris, Les Belles-Lettres, 1925, p. 128.
(2) *Ibidem*, vers 1265-1266; p. 170 et note 5.
(3) *Ibidem*, vers 1251-1260; p. 169-170.
(4) RACINE, *Phèdre*, Acte I, scène III.
(5) SHAKESPEARE, *Othello*, Acte I, scène II, vers 31.
(6) *Ibidem*, Acte III, Scène III, vers 443-450; trad. J. DEROC-

Othello cède à la jalousie comme on répond à un appel et ce don de tout son être prend aussitôt la forme religieuse d'un vœu. L'esprit qui le possède le jette à genou tandis qu'il s'écrie :

> *Et, par ce ciel de marbre,*
> *En un sacré serment dont le respect s'impose,*
> *Je m'enchaîne (1).*

M. Gabriel Marcel écrivait un jour : « Je peux imaginer à la rigueur une tragédie syndicale, mais à condition que le syndicat ait une réalité : l'acte de vouloir explicite et contractuel par lequel les syndiqués le constituent. » « Le constituent », précise le contexte, comme une réalité « en quelque façon irréductible ou même transcendante à la conscience qu'en prend ou qu'en prennent celui ou ceux qui la forment (2) ». En effet, famille, nation, clan ou autre, le groupe est principe tragique, pourvu qu'à travers un système de représentations collectives il introduise dans les consciences individuelles la transcendance d'un idéal impérieux. Telle est bien la Grèce des *Perses* ou la Rome qui vit dans le cœur du vieil Horace, telles sont « les Capulet » et « les Montaigu » dont le passé solidifié

QUIGNY, Collection Shakespeare, Les Belles-Lettres, 1928, p. 151 :

> *Look here, Iago;*
> *All my fond love thus do I blow to heaven :*
> *'Tis gone.*
> *Arise, black vengeance, from thy hollow cell!*
> *Yield up, o love, thy crown and hearted throne*
> *To tyrannous hate! Swell, bosom, with thy fraught,*
> *For 'tis of aspics' tongues!*

(1) *Ibidem*, vers 460-462 :

> *Now, by yond marble heaven,*
> *In the due reverence of a sacred vow*
> *I here engage my words.*

(2) Gabriel MARCEL, *Note sur l'évaluation tragique*, dans *Journal de Psychologie*, janvier 1926, p. 70-71.

en haine écrase l'amour de Roméo et de Juliette. Pourquoi ne pas ajouter, dans le théâtre contemporain, *Cromedeyre-le-Vieil* de M. Jules Romains? Comme il ne veut pour son église d'autres pierres que celles de sa montagne, le vieux village ne veut connaître d'autre dieu que son âme, née d'une vie unanime :

Cromedeyre est en train de refaire un dieu (1).

Mystère païen, tragédie sacrée qui s'achève dans un temple dont l'architecture austère et les sauvages ornements proclament « la force, l'orgueil, l'ardeur de Cromedeyre » (2), la transcendance unanimiste et poétique du bourg inspiré.

Le social, ici, institue un *ordre* à la fois supérieur et intérieur aux âmes, non une *organisation* qui, ne leur étant ni supérieure ni intérieure, leur reste extérieure. Extériorité si différente d'une transcendance qu'elle fait de l'administration, civile ou militaire, une source inépuisable de comique : Georges Courteline illustre, par contraste, la nature du tragique.

Gardons-nous de prendre à la lettre des mots mal purifiés de l'imagerie qui remplit leur sens originel, de confondre la relation métaphysique du transcendant au transcendé avec l'opposition spatiale selon laquelle intérieur et extérieur s'excluent mutuellement.

Point de transcendance qui ne soit corrélative d'une certaine immanence, ce qu'indique tout simplement le mot « présence ». Le fait d'« être au delà... » n'exclut pas celui d' « être là... »; le fait de « dépasser », celui de « demeurer dans... »; le fait de « transcender », celui d' « être présent à... », dans « la terrible science » du « devin inspiré du dieu » (3), dans la vision de Joad

(1) Jules ROMAINS, *Théâtre*, t. III, Gallimard, 1926, Acte V, 1ᵉʳ tableau, scène V, p. 160.
(2) *Ibidem*, Acte V, p. 145.
(3) *Œdipe-Roi*, vers 298 et 316.

et le songe d'Athalie, dans la grâce de Polyeucte.

Que la transcendance se dégrade en extériorité, et
Dieu n'est plus qu'un roi caché dans le ciel ou dans le
lointain pays où le transatlantique d'*Au grand large*
conduit les morts.

Dans la définition du tragique par la présence d'une
transcendance, un lien essentiel unit transcendance à
présence. La transcendance ne serait qu'un mot sans
une présence au monde et aux âmes, sans une présence
dont les signes sont cosmiques ou psychiques. Quels
que soient ces signes. On fait volontiers entrer dans la
définition du tragique l'échec ou la contradiction (1).
C'est sans doute limiter le tragique aux formes les plus
fréquentes sous lesquelles la transcendance manifeste
sa présence : mais l'expérience de « la douceur tragique »
et le problème de « la tragédie heureuse » invitent à
chercher la permanence du tragique dans ce qu'il y a
de permanent à travers toutes les tragédies, la simple
présence d'une transcendance, quelle que soit cette
transcendance, quelles que soient les manifestations
de sa présence.

Serait-ce l'absence. Car il y a la présence dans l'absence. Comme dans *Le Pain dur*.

En ce temps-là, Louis-Philippe Ier est roi des Français.
Il n'y a plus de Dieu ni d'Église, d'Honneur ni de
Chevalerie, de Révolution ni d'épopée. Les transcen-
dances de *L'Otage* ne sont même plus des souvenirs.
Le fils de Sygne renie sa mère comme il respire. Ture-
lure se trahit lui-même après avoir trahi tous les autres.
La porte s'ouvre par où un Pape est entré, mais sur le
vide. Les nobles font des livres de comptes avec leurs

---

(1) Voir par exemple G. MARCEL, *art. cit.;* Hubert GIGNOUX,
Permanence du tragique, dans *La Revue théâtrale*, nᵒˢ 7 et 8, 1948;
Vl. JANKÉLÉVITCH propose ces formules saisissantes : « Il y a
tragédie toutes les fois que l'impossible au nécessaire se joint »
(*L'Alternative*, Alcan, 1938, p. 150); « La tragédie est faite avant
tout d'une contradiction nécessaire » (*Bergson*, Alcan, 1931,
p. 160); cf. *Traité des Vertus*, Bordas, 1949, p. 560.

parchemins. Les révolutionnaires sont nantis. On vend les châteaux de famille. Les couvents sont transformés en manufactures. Le Christ est soldé pour beaucoup moins que trente deniers. On liquide et on s'en va! Heure bénie pour ceux des Juifs qui n'attendent plus le Messie et guettent les bonnes affaires.

La comtesse Lûmir elle-même est un martyr sans la foi, Polonaise sans Pologne, que l'amour pousse vers un aristocrate déraciné et l'intérêt vers un révolutionnaire en retraite, tandis que des Juifs libérés de la Loi et des Prophètes mènent le jeu.

Le Pain dur est la tragédie de l'absence comme *L'Otage* était celle de la présence.

Que la transcendance s'éloigne, cela ne diminue pas sa puissance de transcender même si sa présence paraît plus floue. Pareil mouvement n'aboutit en aucune façon à son évanouissement.

Entre la présence dans l'absence et l'absence sans présence, il y a discontinuité.

La transcendance disparaît sans laisser le plus pâle reflet dans un pressentiment : que reste-t-il? D'absurdes malentendus.

Œdipe se dispute avec un passant et le tue : il se trouve que c'est son père. Œdipe épouse une veuve un peu mûre mais appétissante : il se trouve que c'est sa mère. Le hasard est seule cause, si l'on peut dire dans un cas où justement il n'y a aucune cause.

Une aubergiste et sa fille ont l'habitude de supprimer les voyageurs qu'il vaut la peine de dévaliser. Elles font cela comme on fait la cuisine. C'est une espèce de second métier. Un homme bien mis demande une chambre : il ira, comme les autres, dormir dans la rivière. Mais, cette fois, il y a un malentendu : cet inconnu est le fils et le frère de celles qui l'assassinent; parti depuis vingt ans, son visage ne leur a rien rappelé (1)...

(1) Albert CAMUS, *Le Malentendu*, Gallimard, 1944.

Ici et là, triomphe de l'absurde. Faut-il ajouter : tragique de l'absurde?

Non, sans doute. L'absurde n'a point de signification tragique pour l'excellente raison qu'il est, par définition, ce qui n'a point de signification.

Laissons le cas où l'absurde vise la pensée et dénonce, par exemple, une contradiction; l'absurdité logique est surtout riche d'effets comiques — « ce sabre est le plus beau jour de ma vie », « il n'y a que Dieu qui ait le droit de tuer son semblable (1) ». Quand nous parlons d'absurde pour qualifier un événement, quand l'absurdité vise l'existence, le mot n'introduit pas l'idée d'irrationnel mais celle de déraisonnable (2). Or, irrationnel correspond à une absence d'explication, déraisonnable à une absence de signification.

Pris en eux-mêmes, les faits qui constituent les malheurs d'Œdipe s'expliquent parfaitement : il y a des raisons à sa dispute avec l'inconnu qu'il assomme, à son mariage avec Jocaste. Dans la pièce de M. Albert Camus, les propos des deux femmes, dès la première scène, nous font comprendre leur conduite. Ce qui est absurde, c'est justement ce que l'explication n'explique pas : la dispute d'Œdipe laisse en dehors de son explication le fait que l'inconnu soit son père; de même, un violent désir ou délire d'évasion explique les crimes de l'auberge, non le fait que la nouvelle victime soit l'enfant de la maison. Mais, dans la légende grecque, l'absurdité est dépassée quand le hasard n'en est plus un et que les coïncidences déplorables renvoient à un autre plan d'existence où elles signifient un châtiment; dans la perspective de M. Camus, il s'agit d'un pur malentendu, pur de toute signification.

---

(1) Cf. Bergson, *Le Rire*, p. 113-116 et 186 *sq.*
(2) Cf. Albert Camus, *Le Mythe de Sisyphe*, Gallimard, 1942, p. 70. Sur la philosophie du drame selon Camus, on trouvera un autre point de vue dans : Haskell M. Block, *Albert Camus, towards a definition of tragedy*, dans *University of Toronto Quarterly*, juillet 1950.

Vision essentiellement dramatique du monde, mais par absence de signification tragique : le véritable drame de l'homme est alors de ne pas être une tragédie.

Maintenant, que cette absence de signification signifie tout de même quelque chose, ceci est une autre question débordant ce qu'exprime le sentiment de l'existence absurde pour expliciter ce qu'il impliquerait sans le vouloir. Ainsi, quand M. Albert Camus écrit : « L'absurde c'est le péché sans Dieu (1) », on peut se demander si le mot « péché » ne fait pas glisser l'absurde du déraisonnable au mystérieux, de sorte que l'absence totale de signification serait plutôt une signification totalement cachée. Un tragique de l'absurde est alors possible, mais à la faveur d'une transcendance anonyme et muette : il jaillirait de ce qui menace l'absurde et qui est au delà de l'absurde.

Est-ce là dire que toute tragédie soit religieuse ?

Deux questions sont ici mêlées, celle de son origine et celle de son essence. Leur difficulté tient au fait que l'une et l'autre ne peuvent être résolues sur le plan même où elles sont posées.

La première intéresse l'histoire du théâtre. Si, comme cela paraît très probable, celui-ci est « né pour la gloire des dieux » avant de « grandir pour la joie des hommes (2) », la tragédie aura la même origine dans la mesure où il sera établi qu'elle représente une de ses formes primitives. Mais pour reconnaître la tragédie dans les plus anciennes civilisations, l'historien doit savoir ce qu'est le tragique et ce n'est pas l'histoire qui lui fournit cette définition : la question de l'origine renvoie à celle de l'essence qui se pose sur un autre plan et relève de la philosophie du théâtre.

L'origine religieuse de la tragédie est-elle un épisode

(1) *Ibidem*, p. 60.
(2) Gaston BATY et René CHAVANCE, *Vie de l'art théâtral*, Plon, 1932, p. 17.

purement historique ou le signe de son essence religieuse? On a pu soutenir que la science est fille de
la religion : ce qui est sûr, c'est qu'elle est devenue
scientifique en devenant profane. Faut-il penser, au
contraire, que la tragédie cesserait d'être tragique en
cessant d'être religieuse? Mais, pour répondre, le philosophe du théâtre devrait savoir ce qu'est le religieux
et ce n'est point la philosophie du théâtre qui le lui
dira : la question de l'essence renvoie à une recherche
qui se déroule sur un autre plan et relève d'une réflexion
sur l'homme débordant ses activités dramatiques.

L'exemple de Frédéric Nietzsche illustre ce double
mouvement : l'histoire de la tragédie grecque se prolonge en une philosophie de la tragédie quand la découverte des principes apollinien et dionysien unit la question de son origine à celle de son essence; mais cette
philosophie de la tragédie transpose des thèmes qu'elle
a trouvés dans la métaphysique de Schopenhauer et
qui constituent une philosophie de la religion.

Il ne s'agit nullement de multiplier les *distinguo*
pour émietter les problèmes mais de dissiper la fausse
clarté des idées familières.

Un premier pas sera fait s'il est vrai que la présence
d'une transcendance définit le tragique. Toute tragédie
est-elle religieuse? Cela revient à demander : toute
transcendance est-elle religieuse?

Simple substitution d'un mot philosophique à un
mot du langage courant? Peut-être, mais avantageuse
si le mot philosophique permet d'écarter une dispute
philosophique.

Un accord semble facile pour admettre que le spectre
de *Hamlet*, la folie d'*Oreste*, la possession de *Phèdre*,
la Grèce des *Perses*, le destin d'*Œdipe*, le dieu d'*Athalie*
sont des transcendances. Serait-il aussi facile pour
admettre que ces transcendances sont également des
faits religieux?

Les raisons de répondre : oui, sont très fortes, **mais**

elles engagent beaucoup plus qu'une philosophie du théâtre : on le verrait bien si elles devaient se défendre contre ceux qui diraient : non. La polémique opposerait vite vision du monde à vision du monde. Il n'y a aucun intérêt à la provoquer ici.

II. — TRAGIQUE ET LIBERTÉ.

La grandeur d'Eschyle et de Sophocle est telle que la fatalité semble être l'âme de la tragédie

Pour écarter cette tentation, il suffit de l'abandonner à sa propre logique, comme le fait M. Jean Anouilh. Au premier acte de son *Antigone*, le chœur déclare : « Maintenant le ressort est bandé. Cela n'a plus qu'à se dérouler tout seul. C'est cela qui est commode dans la tragédie, on donne le petit coup de pouce pour que cela démarre... C'est tout. Après, on n'a plus qu'à laisser faire. On est tranquille. Cela roule tout seul. C'est minutieux, bien huilé depuis toujours. La mort, la trahison, le désespoir, sont là, tout prêts et les éclats, et les orages, et les silences... » La contingence est dans le drame, avec le souci de ce qui pourrait être et le regret de ce qui aurait pu être : dans la tragédie tout est décidé d'avance (1).

Le texte contient les paroles mêmes qui en condamnent l'esprit. « Dans la tragédie, on est tranquille... Et puis surtout, c'est reposant, la tragédie... » Eh bien! non, ce n'est pas reposant, la tragédie, et on n'est pas tranquille.

Certes, si l'essence du tragique était dans la néces-

(1) *Nouvelles pièces noires*, Paris, La Table Ronde, 1946, p. 165-166. Bien entendu, ces propos du chœur n'expriment pas nécessairement les vues personnelles de M. Jean Anouilh sur le tragique. Sur le destin comme âme de la tragédie, voir J. SEGOND, *La Signification de la tragédie*, Bibliothèque de l'Université d'Aix-Marseille, Paris, Les Belles-Lettres, 1943, ch. VII et VIII notamment.

sité, sentir « qu'on est enfin pris comme un rat » pourrait être un soulagement : « Il n'y a plus rien à tenter,
enfin! » Il y a, en effet, une sorte d'apaisement dans
la certitude de l'inévitable : cet apaisement, toutefois,
supprime la tragédie. Imaginons Œdipe disant aux
gens de Thèbes : « J'ai tué mon père, j'ai épousé ma
mère; c'est fâcheux; mais à qui la faute? Je n'y suis
pour rien... » Oui, alors, « on serait tranquille » et l'innocent connaîtrait « le repos » : la certitude de l'inévitable lui ouvrirait les yeux et on ne voit plus pourquoi il les crèverait.

« En jugeant que de tels malheurs viennent d'une
divinité cruelle, ne tiendrait-on pas un juste langage à
mon égard (1)? » Bien sûr, mais si ce « juste langage »
proclamait uniquement l'innocence de celui qui fut le
jouet du destin, « de tels malheurs » cesseraient d'être
tragiques : ceux-ci le restent parce qu'il fait intervenir « une divinité cruelle ».

Il y a dans la fatalité deux éléments : la nécessité
et la transcendance. Ce qui est tragique en elle, ce n'est
pas la nécessité : la fatalité est tragique malgré la
nécessité. Quand M. Jean Cocteau voit sous le trône
d'Œdipe une « machine infernale », ce n'est pas le
substantif mais l'adjectif qui donne à l'expression sa
résonance tragique. Si la machine n'est plus infernale,
le tragique disparaît avec les enfers.

A cette machine montée par les dieux, substituons
une machination de Créon d'accord avec Tirésias :
c'est très exactement la première pensée d'Œdipe après
la terrible et invraisemblable révélation du devin
aveugle (2). On voit très bien un auteur contemporain
poussant l'action dans ce sens : les deux complices
soudoient un berger pour mettre en scène l'oracle qui
avait prédit à Laïos une mort « de la main de son

(1) *Œdipe-Roi*, vers 828-829, trad. MASQUERAY, p. 171.
(2) *Ibidem*, vers 380 *sq.*

fils ». Plus de malédiction divine, mais une révolution de palais. Le dénouement resterait dramatique; avant d'y arriver, la crédulité du roi dupé risquerait fort de créer une situation que son mauvais goût seul préserverait de la comédie : mais où serait la tragédie?

Loin d'être l'âme de la tragédie, la fatalité est antitragique dans la mesure où elle est nécessité. Elle ne conserve une valeur tragique qu'en se posant comme une transcendance.

La fatalité des tragédies est donc une nécessité transcendante. Qu'est-ce à dire?

Une nécessité transcendante, c'est clair, transcende une existence qui ne l'inclut pas dans sa nature. Les déterminismes dont le déclenchement produit le raz de marée ne transcendent pas les vagues qu'ils soulèvent; si, selon une vieille hypothèse, le phénomène a pour origine un volcan sous-marin, on peut dire que la cause est extérieure à l'effet, non qu'elle lui est transcendante : cause et effet appartiennent au même système matériel qui constitue notre univers. La relation qui correspond au mot transcendance implique une certaine différence d'ordre : si l'un des termes est la nécessité, l'autre est évidemment autre que la nécessité.

Il n'y a donc transcendance de la nécessité que par rapport à un être libre.

Il n'y a donc pas de fatalité sans liberté.

Il n'y a donc pas de tragédie sans liberté, puisque le rayonnement tragique de la fatalité tient à sa transcendance et que cette transcendance transcende une liberté.

Œdipe n'a pas voulu tuer son père; il n'a pas voulu épouser sa mère : le destin est tragique parce qu'il écrase une volonté qui voulait une autre destinée.

Ainsi, la notion métaphysique ou religieuse de fatalité est radicalement distincte de la notion scienti-

fique de déterminisme. Cette dernière semble bien être
ce qui reste de la fatalité quand la nécessité se trouve
dissociée de la transcendance et que, par suite, elle ne
se pose plus en s'opposant à une liberté. Transcendance
et liberté disparaissent en même temps, et le tragique
avec elles.

Que l'homme soit une girouette, et la transcendance
des causes qui le tournent ici ou là tient seulement
aux métaphores d'une traduction poétique : les volontés
divines ne sont que des lois personnifiées et leur mythologie cache moins un mystère qu'une ignorance, la
physique s'empare de l'homme et le fait rentrer dans
une nature où tout arrive par le jeu de forces imma-
nentes. Ainsi, en ignorant la liberté, le déterminisme
abolit la fatalité dont la liberté est la condition (1).

De là l'illusion d'une « tragédie moderne » qui ferait
descendre la nécessité du ciel sur la terre et où la passion
agirait comme une fatalité. Or, le tragique ne peut
descendre et la passion n'a plus rien d'une fatalité
quand elle n'est ni une malédiction ni un don des dieux.

La question fut dogmatiquement posée par Brunetière à propos de Paul Hervieu (2). Elle aurait trouvé

(1) Il n'est naturellement pas question de faire intervenir ici
les récentes discussions sur l'indéterminisme en physique, complètement en dehors de la liberté qui nous intéresse.
(2) F. BRUNETIÈRE, *Mélodrame ou tragédie? A propos du «Dédale»*,
dans la *Revue des Deux Mondes*, 15 janvier 1904.
« Le premier caractère de la tragédie... est d'être *nécessaire*.
Cette *nécessité* s'appelait ordinairement le Destin ou la Fatalité
chez les Grecs, quelquefois Némésis, et on la concevait sous la
forme obscure d'une Puissance aveugle contre les décrets de
laquelle se heurtaient inutilement les efforts de la volonté de
l'homme. Nous la concevons aujourd'hui sous la forme plus
précise, et quasi scientifique, du *déterminisme*, c'est-à-dire de
l'inéluctable enchaînement des effets et des causes... L'exercice
même de notre liberté nous soumet à ce *déterminisme*, et notre
volonté, s'enveloppant dans son propre ouvrage, en devient la
servante ou l'esclave. C'est alors proprement le dédale, et c'est la
pièce de M. Paul Hervieu » (p. 310-311). Certes Brunetière a tou-

dans le théâtre de M. Henry Bernstein des exemples plus consistants (1) : mais la violence dramatique des déterminismes passionnels rend plus sensible encore leur immanence, immanence comparable, sans mauvaise plaisanterie, à celle de la loi de la chute des corps ou à celles de l'ébullition. Les pièces de M. Henri-René Lenormand présenteraient un cas moins simple et d'autant plus curieux : l'auteur de *La Dent rouge*, du *Simoun*, de *A l'ombre du mal*, du *Mangeur de rêves* cherche des transcendances dans la Montagne qui envoûte, l'Afrique aux mirages criminels, l'Inconscient peuplé de fantômes; mais dans quelle mesure ces transcendances poétiques ne sont-elles que des forces naturelles, parfaitement intelligibles à un esprit rendu lucide par la science et le désespoir? C'est là se demander dans quelle mesure ces drames de l'homme moderne sont aussi des tragédies (2).

Quoi qu'il en soit, si la folie du roi Lear relève uniquement de la psycho-pathologie, si la jalousie d'Othello

jours tenu compte de la volonté et de l'intelligence dans la tragédie (voir *Les Époques du théâtre français*, Hachette, 5e éd., 1914, p. 17 *sq.* et 391); mais il s'agit d'une volonté qui échoue et d'une intelligence consciente de son échec; le privilège de l'homme sur la pierre est de connaître le déterminisme qui le pousse et d'en réfléchir douloureusement la nécessité (p. 312-313).

(1) Voir les textes cités à propos de *La Rafale* par M. Pierre BRISSON, dans *Au hasard des soirées*, Gallimard, 1935, p. 215-216, et la lettre de M. Henry BERNSTEIN, *A propos de « La Rafale »*, dans *Comœdia*, 14 mars 1931 :

« *La Rafale* est-elle ou n'est-elle pas une tragédie? N'ouvrons pas ici ce débat. J'ai seulement voulu exprimer que *La Rafale* se développe à la façon d'une tragédie, que la pièce tend vers l'unité d'action et de temps, ne viole pas gravement l'unité de lieu, qu'au surplus, elle offre le spectacle d'êtres humains saisis et menés sans trêve par la plus implacable fatalité. »

(2) H.-R. LENORMAND, *Théâtre*, Paris, Crès, puis Albin Michel. Une analyse pièce par pièce serait nécessaire : on en trouvera tous les éléments dans Paul BLANCHART, *Le Théâtre de H.-R. Lenormand, Apocalypse d'une société*, Masques, *Revue internationale d'art dramatique*, Paris, 1947.

est un phénomène strictement psycho-physiologique, si l'amour de Phèdre est entièrement expliqué par la psychanalyse, le drame est peut-être possible, non la tragédie. L'hérédité, les glandes, les mécanismes de la passion qui se nourrit d'elle-même, la volonté qui se prend au piège de ses consentements, il n'est pas question d'exclure ces faits de la tragédie, mais à la condition qu'ils ne soient pas de simples déterminismes naturels et qu'ils signifient un déclenchement surnaturel.

Dans une pièce de M. Gabriel Marcel, un psychiatre a découvert que saint Paul avait eu une crise hépatique sur le chemin de Damas : tout s'explique! Pardon, riposte son interlocuteur : j'admets le fait, mais l'explication de la conversion se trouve plus haut, si la crise hépatique n'est qu'un des moyens dont la sagesse éternelle s'est servie pour amener un événement essentiel à la vie spirituelle de l'univers (1). Telle est la dimension tragique qui superpose au déterminisme une Providence, posant, du même coup, le grave problème de la liberté de Paul dans son adhésion à la grâce.

La pensée moderne peut chercher d'autres transcendances que celles des mythes grecs ou de la foi chrétienne; elle peut varier nos idées de la liberté : l'essentiel, pour le tragique, est de mettre en présence transcendance et liberté.

Que devient la distinction entre la tragédie antique qui serait celle du destin et la tragédie chrétienne qui serait celle de la liberté (2)?

Il y aurait d'abord beaucoup à dire sur la tragédie antique ainsi définie. Si Œdipe ne pouvait échapper au personnage que la malédiction divine lui impose,

(1) *La Grâce*, Acte I, scène III, dans *Le Seuil invisible*, Paris, Grasset, 1914, p. 25.
(2) Nicolas BERDIAEFF, cité et commenté par P.-A. TOUCHARD. *Dionysos, Apologie pour le théâtre*, Aubier, 1938, p. 97, n° 1.

Prométhée pouvait échapper au sien, et Antigone aussi, et Alceste aussi.

« Voulue, voulue a été mon erreur, je ne veux point contester le mot. Pour porter aide aux hommes, j'ai été moi-même chercher des souffrances (1)... » L'histoire de Prométhée est tout entière un hymne à la liberté : c'est une liberté qui est enchaînée sur le rocher pour payer le crime d'avoir été libératrice (2). Elle est aussi une liberté qui se préfère prisonnière qu'esclave. A Hermès, valet des dieux, elle jette la certitude qui la soutient : « Contre une servitude pareille à la tienne, sache-le nettement, je n'échangerais pas mon malheur. J'aime mieux, je crois, être asservi à ce roc que me voir fidèle messager de Zeus (3)... »

Tu vas descendre dans l'Hadès « de ta propre volonté » αὐτόνομος, déclare le Coryphée à Antigone qui marche au supplice (4). Et Alceste a le droit de dire à son mari : « Je meurs, quand je pouvais ne pas mourir pour toi (5)... »

Bien sûr, ces héros de la liberté choisissent leur vie et leur mort dans un monde que transcende le destin et la moralité que les poètes tirent de leurs malheurs est imprégnée de piété fataliste. « Il faut porter d'un cœur léger le sort qui vous est fait et comprendre qu'on ne lutte pas contre la force du destin (6). » Au conseil d'Eschyle répond celui de Sophocle : « Il n'appartient pas aux mortels de se délivrer du malheur que leur assigne le destin (7). » Et Euripide avoue : « Pour moi, j'ai parcouru le champ des Muses, et pris l'essor vers les hauteurs; j'ai touché à bien des doc-

---

(1) ESCHYLE, *Prométhée enchaîné*, vers 266; trad. Paul MAZON, p. 170.
(2) *Ibidem*, vers 235-236.
(3) *Ibidem*, vers 966-969; trad. Paul MAZON, p. 195.
(4) SOPHOCLE, *Antigone*, vers 821; trad. MASQUERAY, p. 108.
(5) EURIPIDE, *Alceste*, vers 284; trad. L. MÉRIDIER, p. 68.
(6) *Prométhée enchaîné*, vers 103-105; trad. Paul MAZON, p. 164.
(7) *Antigone*, vers 1337-1338; trad. MASQUERAY, p. 126.

trines, sans trouver rien de plus fort que la Nécessité (1). » Il n'est pas question de nier qu' « en gros »
la tragédie antique ne soit celle du destin : mais Eschyle,
Sophocle, Euripide n'ont pas méconnu la valeur tragique du choix libre à l'intérieur même de la tragédie
du destin.

Il n'est pas davantage question de nier qu' « en
gros » la tragédie chrétienne ne soit la tragédie de la
liberté. Mais il faut avouer qu'une théologie élaborée
avec l'outillage intellectuel des philosophes grecs a
favorisé une certaine idée de la Providence ressemblant
fort à un destin christianisé. Une fatalité bienfaisante
reste une fatalité. Athalie est prise, comme Œdipe,
dans une histoire écrite au ciel :

> *Impitoyable Dieu, toi seul as tout conduit.*
> *C'est toi qui, me flattant d'une vengeance aisée,*
> *M'as vingt fois en un jour à moi-même opposée,*
> *Tantôt pour un enfant excitant mes remords,*
> *Tantôt m'éblouissant de tes riches trésors*
> *Que j'ai craint de livrer aux flammes, au pillage (2)...*

Tragédie antique du destin, tragédie chrétienne de
la liberté, ce sont là des directions plutôt que des
définitions. En fait, il y a des tragédies antiques où
le destin n'exclut pas de l'action tragique une liberté
qui choisit et il y a des tragédies chrétiennes où l'action
doit sa signification tragique moins à la liberté qu'au
destin qui prédestine. La véritable distinction est ailleurs. Il y a des œuvres où le tragique exprime la

---

(1) *Alceste*, vers 962-965; trad. L. MÉRIDIER, p. 93-94.
(2) Acte V, scène VI. Pour l'« interférence inconsciente entre
la *moira* antique et la grâce victorieuse », dans *Esther*, voir Henri
BUSSON, *La Religion des classiques*, Les Presses Universitaires,
1948, p. 52-53. La question est souvent soulevée à propos de
Phèdre, par exemple par François MAURIAC, *Vie de Jean Racine*,
Plon, 1928, p. 137.

victoire du destin sur la liberté et d'autres où le tragique exprime la victoire de la liberté sur le destin.

La tragédie grecque et la tragédie classique montrent surtout l'impuissance de l'homme devant ce qui est écrit dans le ciel. Les Atrides représentent une famille tragique parce qu'elle ne peut échapper à la malédiction des dieux. Si la passion de Phèdre semble tragique, c'est parce qu'elle laisse la volonté sans pouvoir. Mais ni la quantité ni la qualité des exemples n'ont force de règle. N'y eût-il que *La Vie est un songe*, pour le prouver, il faut bien admettre que le tragique naît aussi de la victoire qui fait reculer le destin (1).

On connaît la situation. Le roi Basile rappelle la naissance de son fils, dans la scène VI de la Première journée : « ... Alors je consultai les planètes et elles me dirent que Sigismond serait l'homme le plus cruel, le prince le plus impie; elles me montrèrent mon fils, après mille crimes, foulant aux pieds mes cheveux blancs. Qui ne croirait au mal, surtout au mal que lui prédit sa propre sagesse! Je résolus donc d'emprisonner la bête sauvage qui venait d'être mise au jour; je publiai que l'infant était mort dès sa naissance; je fis élever une tour dans la montagne et j'en défendis l'approche. »

Toutefois, le roi astrologue a un scrupule : « N'ai-je pas accordé trop facilement crédit à ma science? » Bien plus : il ne se demande pas seulement s'il a bien déchiffré l'avenir de Sigismond, mais il reconnaît que cet avenir n'est pas déterminé de façon définitive. « Sa nature, continue-t-il, parlant de son fils, le porte aux

(1) Je cite d'après CALDERON, *Deux comédies*, adaptation par Alexandre ARNOUX, Paris, Grasset, 1945; c'est ce texte qui fut joué par Charles Dullin à l'Atelier en 1922, puis au Théâtre de la Cité en 1944. Le présent ouvrage était achevé quand parut l'importante étude de Leopoldo Eulogio PALACIOS : « *La Vie est un songe* ». *Essai sur le sens philosophique du drame de Calderon*, dans *Laval philosophique et théologique*, Vol. VII, n° 1, Québec, 1951.

précipices, mais peut-être les évitera-t-il. Le destin le plus fort, l'influence la plus violente, la planète la plus impie inclinent seulement le libre arbitre, ils ne peuvent le forcer. »

C'est même pourquoi il y aura une pièce. C'est pour laisser sa chance au libre arbitre de Sigismond que le roi le tire de sa tour : endormi par un breuvage puissamment soporifique, il se réveillera sur le trône. « S'il se montre prudent, avisé et juste, s'il dément les présages des astres, il gardera la couronne... Si farouche, emporté, féroce, il donne libre champ à ses vices et ne contredit pas son horoscope, j'aurai, du moins, accompli mon devoir; je le renverrai dans sa prison en châtiment... » Ainsi, une action dramatique se noue parce que l'astrologue lui-même croit en une liberté que « les présages des astres » n'enchaînent pas.

Sur le trône, Sigismond se montre tel que les astres l'avaient prédit : une tasse de soporifique et il se réveillera dans sa prison; son règne n'aura été qu'un beau rêve. Si c'était là le dénouement, la pièce serait tragique en ce sens qu'elle illustrerait le déterminisme implacable des lois fixant nos caractères : son caractère tragique serait marqué dans les paroles désabusées du vieux roi : « J'imaginais te trouver ici triomphant du destin et des astres (1)... »

Mais il y a une Troisième journée. Une révolte militaire libère Sigismond et le remet sur le trône. Est-ce encore un rêve? Comment le savoir? Et voici que le thème de *La vie est un songe* convertit le jeune homme, agit sur son âme comme une grâce et le libère de sa destinée. Dès que surgit la tentation de la brutalité, devant un ennemi ou une femme, il se ressaisit : « Maîtrisons-nous. Sais-je si je suis éveillé (2)? » Qu'est-ce qu'une grandeur ou un désir satisfait si je poursuis

(1) Deuxième journée, scène VI, p. 62-63.
(2) Troisième journée, scène IV, p. 92.

des ombres (1)! Le dénouement va, naturellement, se jouer entre le roi vaincu et son fils. « Il foulera aux pieds tes cheveux blancs », avaient dit les astres. L'astrologue attend donc... : « Je suis à tes genoux... qu'après tant d'avertissements, la destinée reçoive enfin mon hommage de soumission et le ciel accomplisse sa parole. » Sigismond lui explique alors le cercle dangereusement vicieux des prévisions trop assurées : averti que je serai une brute, vous m'avez élevé comme une brute et, élevé comme une brute, je ne pouvais devenir qu'une brute. « Aujourd'hui, vous voyez un père couché aux pieds de son fils, un monarque dépouillé : c'est la sentence du ciel qu'il a voulu en vain conjurer et qui se réalise. Pourrai-je, moi, inférieur en âge, en valeur, en sagesse, réussir où le roi mon père a échoué et redresser le destin (2)? »

Minute tragique, et qui ne cesse pas de l'être lorsque Sigismond ajoute : « Levez-vous, mon père! » L'action implique bien une relation de l'homme à une certaine transcendance : qu'en définitive l'homme soit accablé ou le destin « redressé », cela ne change rien à la nature tragique de la relation.

Ainsi, antique ou moderne, païenne ou chrétienne, toute tragédie se joue parmi des hommes libres ou qui se croient tels, même dans un monde que gouverne le destin.

Pas de fatalité sans liberté. Soit. Mais il peut y avoir liberté sans fatalité : y a-t-il encore tragédie?

Si le tragique est le signe d'une transcendance, quand

---

(1) *Ibidem*, p. 93 : « Fortune, conduis-moi sur le trône, ne me réveille pas si je dors; si je veille, ne m'endors pas. Mais que ce soit vérité ou songe, il importe avant tout de bien agir; si c'est vérité, pour se conformer à la vérité, si c'est songe, pour gagner des amis qui nous assistent lorsque sonnera l'heure de s'éveiller. »

(2) *Ibidem*, scène XIV, p. 107-108. *Sentencia del cielo fué, — Por mas que quiso estorbarla,— El, no pudo; y podré yo... Vencerla?*

disparaît la transcendance du destin, que reste-t-il et la liberté ne s'exerce-t-elle pas dans un monde que n'éclaire aucune lumière tragique?

C'est alors et, semble-t-il, alors seulement que la tragédie chrétienne nous découvre ce qui lui appartient en propre : la liberté de l'homme devant la liberté de Dieu.

La transcendance est liberté : voilà ce que signifie l'idée de création. Que le monde soit éternel ou qu'il ait un commencement dans le temps, l'essentiel n'est point là mais dans la conviction qu'il aurait pu ne pas être : un monde créé dépend, dans son existence, d'un principe qui n'obéit à aucune nécessité en le produisant et en le conservant. Ainsi, la création est un acte libre. Or, créant l'homme à son image, Dieu le crée libre, de sorte que les rapports de l'homme à Dieu sont ceux de deux libertés : Dieu traite Adam en homme libre, l'Incarnation est librement voulue, l'adoration en esprit et en vérité s'adresse au Dieu libre, par delà toutes les idolâtries.

La tragédie commence dès que l'homme prend conscience de sa liberté. Car elle recèle non seulement le pouvoir d'en mal user mais la tentation de jouer au dieu. Le serpent ne se soucie guère d'éveiller la gourmandise d'Adam et d'Ève; il leur dit, en leur montrant le fruit défendu : « Le jour où vous en mangerez, vos yeux s'ouvriront et vous serez comme Dieu. » Le Créateur, puis « le plus rusé de tous les animaux » ont fait appel à ce qu'il y a de plus grand en eux : le premier leur a demandé de respecter librement sa loi sans les priver des moyens de la violer, le second leur a conseillé d'affranchir leur liberté d'une loi qui la limite.

Le sens tragique de la chute originelle n'est pas encore complètement dévoilé.

Rien ne manque à Dieu : il n'a donc pu produire le monde parce qu'il en avait besoin. Il a créé, comme

l'artiste, par amour. Liberté et amour sont intimement
unis dans l'intention créatrice : ils le resteront dans
le mystère de la vocation et dans celui de l'inspiration.
Là est le principe de l'aventure humaine. Dieu crée
par amour un être libre et il demande à sa liberté
de s'imposer par amour une limite. Adam n'a pas
simplement violé un règlement de police : il a refusé
librement son amour, comme s'il devait choisir entre
sa liberté et cet amour que Dieu sollicitait.

De là une tragédie de la liberté dans l'amour qui
va désormais coïncider avec l'histoire chrétienne de
l'humanité. Un homme librement créé par l'amour de
Dieu, un péché librement accompli contre l'amour de
Dieu, une Croix librement plantée par l'amour de Dieu,
un salut librement recherché pour l'amour de Dieu...
L'amour de Dieu pour l'homme et l'amour de l'homme
pour Dieu se répondent en un dialogue essentiellement tragique puisque l'acte libre dessine l'image sur
laquelle Dieu nous jugera.

Avec quelle insistance, au deuxième acte de *L'Otage*,
le curé Badilon rappelle à Sygne de Coûfontaine qu'elle
est absolument libre! Le sacrifice qui lui est demandé
n'est même pas un devoir.

SYGNE : Et il faut maintenant que je l'appelle mon
mari, c'te bête! et que j'accepte et que je lui tende la joue!
Cela, ha, je refuse! Je dis non! Quand Dieu en chair
l'exigerait de moi.
MONSIEUR BADILON : C'est pourquoi Il ne l'exige aucu-
nement.
. . . .
SYGNE : Dieu ne veut donc pas de moi un tel consentement?
MONSIEUR BADILON : Il ne l'exige pas, je vous le dis
avec fermeté.

Mais il ajoute aussitôt, invoquant le fait exemplaire
de la plus haute liberté qui s'épanouit dans le plus
généreux amour :

Et de même, quand le Fils pour le salut des hommes
S'est arraché du sein de son père et qu'il a subi l'hu-
miliation et la mort
Et cette seconde mort de tous les jours qui est le
péché mortel de ceux qu'il aime,
La Justice non plus ne le contraignait pas.

Et plus loin :

MONSIEUR BADILON : Je vous déclare que ni moi,
Ni les hommes ni Dieu même, ne vous demandons un
tel sacrifice.
SYGNE : Et qui donc m'y oblige?
MONSIEUR BADILON : Ame chrétienne! Enfant de Dieu!
C'est à vous seule de le faire de votre propre gré (1).

Liberté vertigineuse contre laquelle Dona Prouhèze
prend ses précautions :

Vierge mère, je vous donne mon soulier! Vierge mère,
gardez dans votre main mon malheureux petit pied!
Je vous préviens que tout à l'heure je ne vous ver-
rai plus et que je vais tout mettre en œuvre contre vous!
Mais quand j'essaierai de m'élancer vers le mal, que
ce soit avec un pied boiteux! la barrière que vous avez
mise,
Quand je voudrais la franchir, que ce soit avec une
aile rognée!
J'ai fini ce que je pouvais faire (2)...

(1) *L'Otage*, N. R. F., 1919, Acte II, scène II, p. 126, 133-134,
139-140.
(2) *Le Soulier de satin*, Première journée, fin de la scène V,
Gallimard, 1929, t. I, p. 49. Il n'est naturellement pas question
de réserver à la vision chrétienne du monde le monopole de la
liberté tragique. « J'ai voulu traiter de la tragédie de la liberté en
opposition avec la tragédie de la fatalité » (Yvon NOVY, *Ce que
nous dit Jean-Paul Sartre de sa première pièce*, dans *Comœdia*,
24 avril 1943). La tragédie selon J.-P. Sartre est tellement liée à
sa philosophie de la liberté qu'elle exigerait une longue étude.
Mais celle-ci tournerait vite autour du problème suivant : puisque
la mort transforme la vie en destin, selon une formule de Mal-

III. — TRAGIQUE ET POÉSIE.

Par définition, ce qui est transcendant ne tombe pas sous les sens. Les yeux ne voient pas le Destin d'*Œdipe*, les oreilles n'entendent pas le Dieu d'*Athalie*. Certes, ce qui tombe sous les sens peut signifier le transcendant, mais la signification restera toujours au delà du signe. Le théâtre essaie bien de matérialiser le transcendant : ainsi l'Apollon chargé de l'exposition d'*Alceste*, les sorcières de *Macbeth*, le Méphisto de *Faust*. Mais le transcendant échappe aux formes, seraient-elles « à peine plus définies que l'ombre d'un nuage (1) » : le fantôme qui erre, la nuit, sur la terrasse d'Elseneur est beaucoup plus que ses apparences; si mystérieux que paraisse le messager, le message le dépasse infiniment.

La tragédie doit donc assurer la présence de réalités qui ne peuvent être directement présentées ni même représentées. Ceci est vrai, d'ailleurs, de nos idées et de nos sentiments qui ne tombent ni sous nos sens ni sous l'imagination et ne sont connus que par des signes, paroles ou silences, gestes et mimique. Mais

raux que Sartre reprend (*L'Être et le Néant*, N. R. F., 1943, p. 156), dans quelle mesure la tragédie sartrienne n'est-elle pas celle qui se joue à « la vingt-cinquième heure », quand « les jeux sont faits », tragédie de la fatalité où la vie devenue destin est transcendance tragique par rapport au mort, comme dans *Huisclos?* On trouvera les principaux textes permettant une étude de cette question dans Francis JEANSON, *Le Problème moral et la pensée de Jean-Paul Sartre*, Paris, Éditions du Myrte, 1947, p. 236 *sq.*

(1) Gordon CRAIG, *De l'art du théâtre*, trad. SELIGMANN-LUI, N. R. F., s. d., p. 251 : « Dans *Macbeth*, par exemple, l'air est tout chargé de mystère; l'action tout entière est conduite par une force invisible, et ce sont précisément ces paroles qu'on n'entend pas, ces formes à peine plus définies que l'ombre d'un nuage, qui donnent au drame sa mystérieuse beauté, sa profondeur, son immense portée et son principal élément tragique. » Voir toute l'étude : *Des spectres dans les tragédies de Shakespeare.*

ce qui est transcendant est encore au delà des consciences qui ont un corps à leur disposition pour manifester leur présence : il requiert une espèce de signification à la seconde puissance.

La tragédie doit évoquer ce qui ne peut être simplement signifié. Point de tragédie sans évocation.

« *Évocation*, dit Littré : Terme de magie. Action
de faire apparaître les démons, les ombres ou les âmes
des morts. » L'œuvre tragique relève d'une magie supérieure qui ne se contente pas de grossières apparitions
dans le monde des apparences : mais les signes qui lui
donnent un corps ont bien une nouvelle fonction qui
est d'apparition et non plus seulement d'expression et
de communication.

To be or not to be... Hamlet parle-t-il pour lui-même
ou pour nous? Est-ce un monologue où l'effort pour
s'exprimer coïncide avec celui de la pensée? Est-ce
un dialogue à une voix où le spectateur joue le rôle
d'interlocuteur silencieux? Ceci aussi est une question. Ce qui est sûr, c'est que les mots ont encore une
autre mission quand ils ne disent plus les hésitations
du jeune prince ou son amertume devant les misères
des hommes, mais évoquent les rêves du dernier sommeil et le mystère sans nom de ce quelque chose qui
est après la mort, *something after death* (1).

Si le moment tragique est celui où se « réalise » la
présence d'une transcendance, les paroles et les images
venues de la scène n'auront pas seulement pour fonction de faire naître en nous une idée ou un sentiment
mais de faire apparaître à la fois devant nous et en
nous l'être qui cause cette idée ou ce sentiment. Les
malheurs d'Œdipe doivent bien éveiller en nos âmes
la pitié et l'horreur mais en dotant d'une certaine
existence la puissance supérieure qui rend Œdipe
pitoyable et son histoire horrible.

---

(1) *Hamlet*, Acte III, scène I, vers 78; trad. GIDE, p. 105.

Cet art d'ouvrir l'âme à l'invisible transcendance, quel nom lui donner sinon celui de poésie? Il est possible que toute poésie ne soit pas évocation, mais il est sûr que toute évocation sera poésie. Où le mot se trouverait-il plus proche de son sens originel et fondamental? Il ne s'agit plus seulement d'accorder deux pensées en éveillant dans l'une les secrets de l'autre, de produire cette sympathie par laquelle la communication devient communion, d'opérer cette connaissance qui est co-naissance. Nous sommes sur la scène où tout est présence : les signes sont chargés du pouvoir de créer des présences, ils participent à la création de ce monde qu'est le drame, ils sont créateurs de ce qu'ils signifient en le signifiant.

Ainsi, avec la transcendance, une exigence de poésie est inscrite dans l'essence même de la tragédie. Ce que montreraient d'une façon saisissante les pièces de Shakespeare où vers et prose sont entrelacés. La transcendance y prend spontanément la forme poétique. Hamlet reçoit Rosencrantz et Guildenstern : dialogue en prose où l'humour revêt les apparences d'une folie burlesque; mais aussitôt que le jeune homme se retrouve seul avec sa mission, des vers montent à ses lèvres pour évoquer les puissances invisibles : « Vienne à présent l'heure de nuit la plus magique; où bâillent les couvercles des cimetières, laissant s'exhaler sur le monde toutes les contagions de l'enfer... »

> *'Tis now the very witching time of night,*
> *When churchyards yawn, and hell itself breathes out*
> *Contagion to this world... (1).*

De même à la fin de la célèbre scène où Lady Macbeth surgit, un flambeau à la main : tout est prose, prose haletante de la visionnaire qui est comme rythmée par

(1) Acte III, scène II, 385-387; trad. André GIDE, p. 132.

l'angoisse, prose simplement prosaïque des témoins, la
dame d'honneur et le médecin; ce dernier se proposait
d'observer scientifiquement le phénomène; or « ce mal-
là passe ma science — *this disease is beyond my prac-
tice* »; et voici que brusquement le mystère lui dicte
des vers : « Il se chuchote des horreurs : des actions
contre nature il sort des maux peu naturels; les esprits
infectés confieront leurs secrets à leur oreiller sourd.
Elle a besoin du prêtre plus que du médecin. Dieu nous
pardonne à tous! »

> *Foul whisperings are abroad : unnatural deeds*
> *Do breed unnatural troubles : infected minds*
> *To their deaf pillows will discharge their secrets :*
> *More needs she the divine than the physician.*
> *God, God, forgive us all!* (1).

Cette scène pourrait offrir ici un exemple inquiétant.
L'hallucination de la reine ne représente-t-elle pas un
moment suprêmement tragique de l'action? Ne signi-
fie-t-elle pas la transcendance du remords? Et pourtant ce cauchemar ne s'extériorise pas en vers.

Poésie n'est pas synonyme de versification. Ici, la
puissance suggestive des images et le rythme de leur
mouvement qui commande celui des paroles sauvent
poétiquement la discontinuité des pensées jaillies d'une
même obsession, effet plus difficile à obtenir avec la
régularité du vers. Surtout, l'œuvre théâtrale n'est pas
seulement un texte; elle ne jouit de sa pleine existence
que sur la scène : le climat tragique sera poétiquement
créé par les mots, certes, mais aussi par le jeu, le regard,
l'attitude, la démarche de la reine, par la lumière et
les ombres, par le décor qui accuse la valeur surnaturelle des formes.

On appellerait donc poésie tragique tout ce qui, dans

(1) Acte V, scène I; trad. J. DEROCQUIGNY, p. 149.

le texte ou la représentation, évoque les présences transcendantes. Elle illumine aussi bien les vers libres de
T. S. Eliot que le verset claudélien. Elle sera l'auréole
du jeu, celui d'un Mounet-Sully dans *Œdipe* dont la
photographie nous conserve un lointain mais précieux
souvenir. Elle sera l'âme de la mise en scène, comme
le montrent les maquettes de Gordon Craig pour
Électre, Macbeth, Hamlet, avec ses commentaires qui
sont comme le « discours de la méthode » de son art.
Il arrive que la poésie tragique libère le transcendant
des paroles et des gestes, des formes et des couleurs,
des rayons et des ombres : au moment où l'Esprit
divin s'empare du Grand prêtre, « la symphonie » soutient sa voix :

> *Lévites, de vos sons prêtez-moi les accords,*
> *Et de ses mouvements secondez les transports* (1).

Ainsi, tandis que s'accomplit le miracle qui ressuscite
la fille de Mara, la voix des anges dans le ciel accompagne
l'amour sacrifié et sacrifiant de la jeune fille Violaine (2).

Il y a vraiment union substantielle de la tragédie
et de la poésie. Légèrement modifiée, une remarque
de T. S. Eliot sur le théâtre de Shakespeare en offre
une juste et fine expression : les mêmes pièces sont les
plus poétiques et les plus tragiques, et ceci, non par
un concours de deux activités, mais par le plein développement d'une même et unique activité; dans la

---

(1) *Athalie*, Acte III, scène VII. Cf. Préface *sub fine*, où Racine
perçoit si nettement le lien du surnaturel à la musique : « Cette
scène, qui est une espèce d'épisode, amène très naturellement la
musique, par la coutume qu'avaient plusieurs prophètes d'entrer
dans leurs saints transports au son des instruments... »
(2) Paul CLAUDEL, *L'Annonce faite à Marie*, Acte III, scène III,
N. R. F., 1919 [1ʳᵉ version sous ce titre], p. 146 *sq*. Cf. *L'Essence
du théâtre*, p. 47.

mesure où il n'est pas poète, l'auteur tragique n'est
pas tragique (1).

Il n'est pas ici question de la forme et du fond consi-
dérés comme séparables. La forme poétique ne peut
pas être enlevée à la façon d'un vêtement tandis que
le fond tragique subsisterait intact. Sans poésie, le courant tragique ne passe pas.

La platitude exclut, par définition, la troisième dimension. Une certaine platitude dans l'expression prive
l'œuvre de cette profondeur qu'est la transcendance.
Ceci, quelles que soient les intentions de l'auteur : il
ne suffit pas de vouloir écrire une tragédie pour faire
une œuvre qui soit tragique. Ceci, quelle que soit l'intelligence de l'esthétique et de la technique illustrées
par les chefs-d'œuvre : il n'y a ni principes ni recettes
pour rendre poétique une pièce bien construite. Ceci,
quelles que soient les conditions historiques et sociales
d'une renaissance de la tragédie : les plus favorables
ne dessinent qu'un schème abstrait jusqu'à la naissance d'un poète.

Une histoire de la tragédie manquée apporterait une
collection de « négatifs » très intéressants pour faire
ressortir, par contraste, ce qui est positif dans son
essence. On verrait qu'il n'y a peut-être pas, à vrai
dire, de mauvaise tragédie, mais des œuvres qui n'arrivent pas à être des tragédies, par vice de forme.

Nombreux sont en France les auteurs qui, depuis
le début du siècle, ont connu la tentation tragique. Que
de tentatives pour ressusciter la tragédie antique ou
inventer la tragédie moderne, pour restaurer la tragédie
classique, ou créer la tragédie en prose, pour revenir

_____

(1) *A dialogue on dramatic poetry*, dans *Selected Essays*, Londres,
Faber and Faber, 2ᵉ éd., 1934, p. 52. Voici le texte exact : « ... The
same plays are the most poetic and the most dramatic, and this
not by a concurrence of two activities, but by the full expansion
of one and the same activity. I agree that the dramatist who is
not poet is so much the less a dramatist... »

à la tragédie historique ou découvrir la formule de la tragédie en veston! Il ne suffit naturellement·pas de faire évoluer un chœur ou de respecter les trois unités ou de donner à nos problèmes un déguisement mythologique. Mais, ce qui est plus sérieux, il ne suffit pas qu'une conviction sincère et profonde donne un rôle au Destin ou à Dieu, qu'une intelligence éprise de vérité reconnaisse dans notre monde de nouvelles transcendances : il faut la présence réelle et cette présence ne peut être que poétique.

La bonne volonté tragique ne manquait pas à Paul Hervieu. Or, ses pièces ne sont même pas de mauvaises tragédies; elles ne sont en aucune manière tragiques : le transcendant ne descend pas (1).

Une tragédie en prose est concevable : pas une tragédie prosaïque.

Toute œuvre destinée à la scène peut être appréciée sous deux points de vue. Comme création d'un artiste, elle révèle des catégories esthétiques qui qualifient la beauté de sa forme; comme création d'un dramaturge, elle est soumise aux catégories proprement dramatiques qui concernent son action. Cette distinction rejoint une expérience banale : la vertu comique ou pathétique d'une pièce est relativement indépendante de sa valeur artistique. Le parterre qui rit et Margot qui pleure sont les bons témoins des premières dans la mesure même de leur indifférence à la seconde (2).

Cette distinction trouve sa limite avec la tragédie. L'effet comique et l'effet dramatique peuvent se passer d'un texte immortel : l'effet tragique exige une médiation poétique sans laquelle il ne se produit pas.

Si, moins ami du peuple, en ses doctes peintures
Il n'eût point fait souvent grimacer ses figures...

(1) Sur Paul Hervieu et la tragédie moderne, voir plus haut, p. 50, et Jacques COPEAU, *Critiques d'un autre temps*, N. R. F., 1923, p. 66-92.
(2) Cf. *L'Essence du théâtre*, p. 157-159.

Dieu merci! Molière fut « ami du peuple » et il n'y a pas grand mal si

> *Dans ce sac ridicule où Scapin s'enveloppe*
> *Je ne reconnais plus l'auteur du* Misanthrope (1).

Nous rions : la cause est entendue.

Une conscience délicate n'est pas toujours fière de son rire : elle l'est peut-être moins encore de ses attendrissements. Il faudrait être sans cœur pour assister impassible à la déplorable histoire du *Courrier de Lyon* ou aux palpitantes péripéties du *Bossu*. Peu importe ici la forme. « Si tu ne vas pas à Lagardère, Lagardère ira-t-à toi! » La liaison superflue n'enlève rien à la force dramatique de la réplique : au contraire!

Une comédie facile est encore une comédie; un drame sans style est encore un drame : une tragédie sans poésie n'est plus une tragédie.

(1) BOILEAU, *Art poétique*, Chant III, vers 399-400.

CHAPITRE III

LE DRAMATIQUE

I. — LE TRAGIQUE ET LA MORT.

Il y a tragédie par la présence d'une transcendance : il y a drame par la présence de la mort.

Mort et tragique ont été si souvent unis qu'on les croirait inséparables. M. André Obey fait dire à « l'homme barbu » qui remplace dans *Maria* le squelette armé d'une faux : « Mais une tragédie, ça exige, je ne sais pas... trois, quatre, cinq, six, dix morts?... Allez donc faire un tour au château d'Elseneur : un cadavre à chaque porte... (1) »

Allez donc faire un tour du côté de la Tour de Nesle : un cadavre à chaque porte et même sous chaque fenêtre! Ce n'est pourtant pas une tragédie.

Oui, on meurt beaucoup dans les tragédies, mais ce n'est pas pour cela qu'elles sont tragiques. La première preuve, c'est qu'il y a des pièces à nombreux cadavres qui ne sont pas des tragédies, *Hernani*, *Ruy Blas*, tout le théâtre d'Alexandre Dumas père. La seconde est qu'il y a des pièces sans cadavres qui sont des tragédies : l'auteur de *Bérénice* est ici un témoin capital.

---

(1) *Maria*, deux actes d'André OBEY, Acte I, dans *La Revue théâtrale*, n° 2, août-septembre 1946, p. 210.

« Ce n'est point une nécessité qu'il y ait du sang et des morts dans une tragédie; il suffit que l'action en soit grande, que les acteurs en soient héroïques, que les passions y soient excitées, et que tout s'y ressente de cette tristesse majestueuse qui fait tout le plaisir de la tragédie. »

Non seulement il n'y aura pas de cadavres dans *Bérénice*, mais « la grandeur de l'action » et « l'héroïsme des acteurs » seront dans le fait d'accepter la vie. Le mot qui dit cette « grandeur » et cet « héroïsme », le mot tout rayonnant de « tristesse majestueuse » est : *je vivrai* :

> *Je veux en ce moment funeste*
> *Par un dernier effort couronner tout le reste :*
> *Je vivrai* (1).

Pour Bérénice, pour Titus, pour Antiochus, mourir eût été le dénouement facile, dramatique mais non tragique. « Je n'ai point poussé Bérénice jusqu'à se tuer comme Didon... le dernier adieu qu'elle dit à Titus et l'effort qu'elle se fait pour s'en séparer n'est pas le moins tragique de la pièce... » C'est même le « couronnement » tragique de la pièce.

Bérénice, Titus, Antiochus sacrifient leur mort, et pour cette princesse, cet empereur, ce soldat, pareil sacrifice est plus grand que celui de leur vie. Là est la vertu tragique du *Invitus invitam*.

« Malgré lui, malgré elle... » A cause de Rome.

A cause de Rome, « Titus, qui aimait passionnément Bérénice... la renvoya, malgré lui et malgré elle... » A cause de Rome, Bérénice, qui aimait passionnément Titus, écarta de leur amour la tentation de la mort. Rome est la volonté transcendante qui transforme en tragédie l'histoire des deux amants.

(1) Acte V, scène dernière.

Rome est cet être invisible et présent qui, comme le Dieu d'*Athalie*, est le grand acteur de la pièce. C'est l'Empire qui interdit à l'Empereur d'épouser une reine d'Orient. C'est l'Empire qui dicte son sacrifice à celle qui ne sera jamais impératrice : Bérénice renonce à imiter Didon lorsqu'elle sent Titus prêt à la suivre dans la mort; elle vivra afin que Titus vive pour l'Empire.

> *Adieu, Seigneur. Régnez...*

M. Pierre Brisson a fort justement souligné le marivaudage du dialogue (1). Mais c'est un marivaudage entre deux amants qui ne badinent pas avec la politique. L'État a ses raisons que leur cœur comprend fort bien. Bérénice est reine; elle sait ce que représentent « la grandeur des Romains, la pourpre des Césars ». C'est à l'Empire qu'elle se sacrifie par amour de l'Empereur.

« *Bérénice*, tragédie amortie (2)... », écrit encore M. Pierre Brisson. Non : tragédie pure, pure de l'élément proprement dramatique qu'introduit la mort dans *Britannicus* ou dans *Bajazet*. En écartant la mort du dénouement, Racine n'atténue pas la vertu tragique de la pièce : celle-ci est liée à la présence de la transcendance; mais l'action se trouve maintenue en dehors du drame, si l'on admet que celui-ci est lié à la présence de la mort.

Bérénice présente une expérience privilégiée pour observer la dissociation du tragique et de la mort; elle n'est cependant pas la seule tragédie sans mort d'homme.

La plus archaïque des pièces conservées d'Eschyle a

---

(1) *Les deux visages de Racine*, Gallimard, 1944, p. 76 *sq*.
(2) *Ibidem*, p. 72. Sur « l'élégie » dans *Bérénice*, rappelons l'article de Sainte-Beuve, *Sur la reprise de « Bérénice »*, dans *Portraits littéraires*, t. I.

un dénouement heureux : « Les Suppliantes » n'ont
pas supplié en vain; elles échappent aux Égyptiades
qui les poursuivent. Certes, elles commettent le péché
de « démesure », ὕβρις, quand elles ont horreur du
mariage lui-même et pas seulement des prétendants
brutaux qui veulent les prendre de force (1); mais, à
la fin de la trilogie, dont il ne reste que cette première
partie, leur châtiment, semble-t-il, ne sera pas san-
glant : elles seront soumises à la loi naturelle, dans
des unions obscures, stériles peut-être (2).

Philoctète refuse de rejoindre les Grecs même au
prix d'une guérison prochaine et d'une gloire assu-
rée; non, il ne sera pas le sauveur de ceux qui l'ont si
lâchement abandonné dans l'île de Lemnos. « Ma réso-
lution est inébranlable, même si le dieu qui lance les
éclairs de flamme vient me brûler avec les éclats de
son tonnerre (3). » Pourtant, Héraclès apparaît et le
fils d'Achille oublie les serments de sa rancune : il
ira « là où le porte la puissante destinée » et où le
veut « la divinité souveraine qui a tout conduit (4) ».

Alceste est une tragédie : or non seulement personne
ne meurt au dénouement mais l'héroïne ressuscite :
Alceste descend aux Enfers à la place de son mari;
ému par un si bel amour, un dieu l'arrache au Génie
de la mort. Si la pièce d'Euripide tenait la place d'un
drame satirique aux grandes Dionysies de 438, ce
n'est nullement parce que le mot de la fin est : « je
suis heureux (5) ».

Ainsi, il y a tragédie sans cadavres et, puisque la

(1) *Les Suppliantes*, vers 1030 *sq.*, éd. Paul Mazon, p. 50;
cf. Notice, p. 7-8.
(2) *Ibidem*, Notice, p. 9.
(3) Sophocle, *Philoctète*, vers 1197 *sq.*; trad. P. Masqueray,
Les Belles-Lettres, 1924, p. 124.
(4) *Ibidem*, vers 1466 *sq.*, p. 134.
(5) *Alceste*, vers 1158; Euripide, t. I, Les Belles-Lettres, 1925,
trad. L. Méridier, p. 101; sur les raisons qui permirent de mettre
la pièce à la place du drame satirique, voir la Notice, p. 49-51.

mort semble être le malheur par excellence, cela veut dire que le tragique n'exclut pas un dénouement heureux. On comprend qu'en face de pareils exemples Aristote n'ait inclu dans sa définition de la tragédie ni la mort ni même un final désespéré. Il demande simplement que l'action « suscite la pitié et la crainte (1) ». D'ailleurs, quelle est, à ses yeux, la tragédie idéale? L'*Iphigénie en Tauride* d'Euripide (2), où il n'y a aucun cadavre, où Athéna sauve Oreste et sa sœur, annonçant la paix au nom de la Nécessité qui domine les dieux eux-mêmes (3).

Il convient donc de réviser une opinion qui paraît, à première vue, assez naturelle et qui trouve sa plus forte expression sous la plume de Schopenhauer. La tragédie « a pour objet de nous montrer le côté terrible de la vie, les douleurs sans nom, les angoisses de l'humanité, le triomphe des méchants, le pouvoir d'un hasard qui semble nous railler, la défaite infaillible du juste et de l'innocent »... « Le sujet principal est essentiellement le spectacle d'une grande infortune (4). »

Mais, d'abord, qu'est-ce qu'une « grande infortune »? Les mêmes faits peuvent être dits heureux ou malheureux selon le système de références qu'offre à chacun sa philosophie. Dans ces conditions, il faut évidem-

---

(1) Aristote, *Poétique*, I, ch. 6. Le principe du dénouement malheureux n'aurait été inscrit dans la définition de la tragédie qu'au xve siècle; cf. Touchard, *Dionysos*, p. 36; sur les discussions à ce propos au xviie siècle, voir René Bray, *La Formation de la doctrine classique en France*, Hachette, 1927, p. 324-325.

(2) *Ibidem*, ch. 17.

(3) *Iphigénie en Tauride*, vers 1486. Si Gœthe a choisi cette légende, c'est justement parce qu'il y voyait la réconciliation de l'homme avec l'ordre des choses; cf. *Iphigénie en Tauride*, Aubier, Collection bilingue, 1931, Introduction d'H. Loiseau, p. xvi sq.

(4) *Le Monde comme Volonté et comme représentation*, livre III, § 51, trad. Burdeau, Alcan, 4e éd., 1902, t. I, p. 264 et 265.

ment choisir celui qui définit le climat spirituel de la tragédie : du point de vue humaniste, le martyre de Polyeucte est un grand malheur; du point de vue de Polyeucte, c'est une faveur du Ciel; est-ce alors le spectacle d' « une grande infortune »?

Schopenhauer, d'ailleurs, atténue, sans le vouloir, sa définition quand il explique la supériorité de la tragédie moderne sur la tragédie antique. Les héros antiques ne connaissent pas la vraie résignation, celle qui exclut tout esprit de vengeance pour devenir consentement. « La tragédie chrétienne nous offre le spectacle de l'abandon joyeux du monde (1)... » « Joyeux? » Mais une infortune « joyeusement » acceptée est-elle encore une infortune? A la fin du *Soulier de satin*, Rodrigue, misérable, mutilé, esclave, déchet que l'on vend avec la vieille ferraille, « par-dessus le marché », est-ce l'image d'un échec ou d'un triomphe?

La joie peut donc être l'auréole d'événements réputés malheureux, mort, misère, maladie, sans dissiper le tragique : c'est donc que l'infortune n'est pas essentielle au tragique. Par suite, on ne voit pas pourquoi le tragique ne se passerait pas de toute infortune, même transfigurée par la joie.

Que le cas d'*Iphigénie en Tauride* soit rare, cela prouve qu'en fait tragédie et drame sont le plus souvent mêlés, non qu'en droit ils doivent l'être. Aussi Corneille n'a-t-il aucun scrupule à nommer *Cinna* « tragédie », et pourtant tout finit bien, puisque « Auguste a tout appris et veut tout oublier ». Bien curieuse encore, l'attitude de Racine devant les dénouements que lui offre la légende multiforme d'*Iphigénie en Aulide* : il écarte immédiatement celui qui envoie la jeune fille aux Enfers. « Quelle apparence que j'eusse souillé la scène par le meurtre horrible d'une personne aussi vertueuse et aussi aimable qu'il fallait représenter

_____

(1) *Ibidem*, supplément au livre III, ch. XXXVII, t. III, p. 245.

Iphigénie? » Étonnante question au seuil d'une tragédie! Et plus étonnant commentaire du dénouement
qui, à l'heure du sacrifice, substitue Ériphile à « la
personne aimable » : « Il ne faut que l'avoir vu représenter pour comprendre quel plaisir j'ai fait au spectateur, en sauvant à la fin une princesse vertueuse
pour qui il s'est si fort intéressé dans le cours de la
tragédie (1). » Car il s'agit de tragédie.

Voici donc deux « classiques », connaissant parfaitement les lois du genre, n'ayant l'intention ni de les
violer ni même de les assouplir : or, ils ne reculent
pas devant la perspective d'une « tragédie heureuse »,
l'expression est de Corneille (2). Si l'adjectif renvoyait
à « joie » plutôt qu'à « bonheur », elle conviendrait
exactement à des œuvres comme l'*Abraham sacrifiant*
de Théodore de Bèze ou les vastes fresques glorifiantes
de Calderon, *La Vierge du Sagrario*, par exemple. Car la
transcendance, en tant que telle, est par delà le bonheur
et le malheur. La fatalité peut être souveraine justice
aussi bien que délire divin. Dieu peut être un tyran ou
un père. Les Érinyes impitoyables se transforment en
Euménides bienveillantes. Il y a une horreur tragique
dans la folie de Lear et une douceur tragique dans celle
d'Ophélie. Ce qui importe, c'est que l'action se joue
en ce monde et dans un autre. Si, malgré l'assurance
de Corneille et de Racine, *Cinna* et *Iphigénie* ne laissent
pas une impression vraiment tragique, leur dénouement heureux n'en est pas cause mais une absence
de véritable transcendance. La Liberté et la Répu-
blique créent bien le décor moral du drame dénoué par
la clémence d'Auguste : rien de comparable à la Rome
d'*Horace*, puissance spirituelle et poétique qui combat
avec ses défenseurs. Les décrets des dieux qui boule-
versent la famille d'Agamemnon apparaissent surtout

(1) RACINE, *Iphigénie*, Préface.
(2) *Du Poème dramatique*, Premier Discours, *Œuvres de Corneille*, 1758, t. I, p. xcv.

comme des formalités sacerdotales et un destin qui se
prête au quiproquo ne s'impose à personne comme une
réalité surnaturelle et mystérieuse.

II. — LA MORT COMME PRINCIPE DU DRAMATIQUE.

Si la mort n'est pas essentielle à la tragédie, est-elle
seulement un épisode de l'action, un épisode important certes, mais au même titre que la fin d'un amour
ou l'écroulement d'une fortune? Ne serait-elle pas le
principe d'un complexe de sentiments et de réactions
constituant une catégorie dramatique originale? Très
précisément : la catégorie du dramatique?

La vie est dramatique parce que la mort est au bout.
Mais il faut s'entendre : comme dans le cas de la
transcendance tragique, il s'agit d'une signification qui
s'ajoute à l'événement.

Réduite à un épisode biologique, la mort est un fait
naturel, pas plus dramatique que les autres. La *Leçon
d'anatomie* de Rembrandt n'est pas dramatique; l'œuvre
exigeait même l'élimination du drame : pour le maître
et pour ses élèves, le cadavre représente un objet
d'étude, un objet de curiosité, un objet de recherche,
un objet. La mort ne devient dramatique que rapportée à un sujet, c'est-à-dire à un être qui, par la conscience qu'il a de soi, se pose toujours au delà d'un
simple assemblage d'organes.

La mort du loup n'est dramatique qu'à la faveur
d'une signification anthropomorphique. La mort de
l'homme n'est dramatique qu'à la faveur d'une signification anthropologique.

Qu'est-ce donc que l'homme qui meurt?

Un être qui refuse de mourir.

Et pourtant... La mort est le seul événement de mon
avenir dont je sois sûr. Je ne sais ni quand ni comment

cela arrivera, mais je sais que cela arrivera. Or, voici que mon existence se libère de cette évidence comme d'un mauvais souvenir. Si la vie est l'ensemble des forces qui résistent à la mort, elle manifeste cette résistance en expulsant de ma conscience l'unique certitude qui puisse être pensée au futur. Je donne des rendez-vous, j'organise mes vacances, je verse pour ma retraite, toute mon activité postule que ma mort n'est pas pour demain, ni pour le demain de demain et qu'ainsi j'ai devant moi une suite indéfinie de demains. Je vis comme si toujours avait un sens le long des jours.

Mors certa, hora incerta. Mais l'incertitude de l'heure la projette dans un avenir si flou que la certitude de la mort s'éteint à l'horizon.

De là, ma réaction devant la mort, devant la mienne quand j'ose la regarder en face, devant celle des êtres que j'aime quand elle les menace, devant celle de l'inconnu dès que je vois en lui un homme comme moi.

Quand la mort arrive, nous avons le sentiment qu'elle aurait pu ne pas être : là est le paradoxe d'un inévitable qui prend toujours l'apparence de l'accidentel.

Quand la mort arrive, nous avons le sentiment qu'elle aurait dû ne pas être : là est le paradoxe d'un inévitable qui prend toujours l'apparence d'une fraude.

Double paradoxe signifiant que nous ne reconnaissons à la mort ni nécessité ni légitimité.

Pourquoi ce double paradoxe? Sans doute parce que, spontanément, nous rapportons la mort à un sujet personnel qui, en tant que tel, ne laisse apparaître aucune raison de ne plus être. Ceci, quel que soit le contexte religieux ou métaphysique qui, ensuite, justifiera ou discréditera cette réaction.

L'expérience de ma mort est une expression contradictoire puisque l'événement supprime le témoin et avec lui le témoignage par lequel cet événement devien-

drait expérience. Le soldat enseveli sous les décombres
a vu la mort de près : son expérience n'est pourtant
pas celle de la mort mais de la vie au bord de la mort.
Bien plus, si la raison prédit ma mort, c'est par une
induction fondée sur la mort des autres et comme une
conclusion dont nulle prémisse ne se trouve en moi :
tout ce que je sais de la mort me vient de l'extérieur;
la maladie même ne détruit pas l'espoir si j'ignore
qu'elle fut mortelle pour d'autres. Quand le *moi* se
replie sur le *je*, le sujet personnel se pose avec un passé
qui, par la mémoire, ne passe pas, dans un présent qui
vit au futur; ma seule expérience est celle d'une existence pleine et sans fissure, si bien que la certitude de
ma mort reste une anticipation vide contredisant les
données actuelles de ma conscience.

En fait, l'expérience ne porte que sur la mort de
l'autre. Est-ce là une expérience de la mort? Car il
ne s'agit pas d'observer la décomposition de quelque
chose mais de réaliser la mort de quelqu'un. Quand le
médecin constate que quelqu'un est mort, la constatation, par son objectivité même, porte sur quelque chose,
non sur quelqu'un. Dès que le sujet personnel intervient,
je ne peux pas plus expérimenter la mort d'autrui que
la mienne, serait-ce dans ces pseudo-expériences que
construit l'imagination.

Il n'y a qu'une seule expérience véritable, celle de
mon attitude devant la mort de l'autre.

Écartons d'abord tout ce qui me concerne, mon amitié
blessée, mon amour écorché, des intérêts compromis.
Écartons aussi tout ce qui le concerne, les promesses
qui ne seront pas tenues, les joies qu'il n'aura point
connues, le monde de bonnes actions ou d'œuvres belles
qui disparaît avec lui. Écartons enfin cette fausse sympathie qui m'intéresse à moi-même à travers l'autre,
la peur de ma propre mort qui se déguise en compas-
sion. Ayant mis entre parenthèses les sentiments qui
surgissent parce que c'est lui et parce que c'est moi,

suis-je prêt à penser la mort de quelqu'un comme un fait pris dans l'enchevêtrement des faits qui constituent la nature? Mon premier mouvement reste un étonnement qui dit non.

« On n'entend dans les funérailles que des paroles d'étonnement de ce que ce mortel est mort (1). » Bien sûr : pourquoi serait-il mortel?

« Dans l'affreux désarroi que nous éprouvons au spectacle d'une mort, il entre un sentiment de duperie : celui que nous aimons est là et n'est plus là (2). » Car ce que nous aimions est une personne dont l'être ne porte en soi aucun signe de mort.

Un sentiment particulier accompagne la pensée de la mort ou plus exactement la pensée de la mort n'est d'abord rien d'autre que ce sentiment : il signifie que la mort ne correspond à aucune expérience, contredisant même celle que le sujet personnel a de sa propre existence, de sorte que notre surprise est toujours l'affirmation d'un mystère. Pris sans résonances religieuses, ce mot exprimera simplement une certaine opacité de la mort qui brusquement met l'esprit en face de ce qu'il ne peut voir, même quand il le prévoit.

Le drame naît de ce mystère. La mort est dramatique dans la mesure où elle est pensée par rapport à une personne et où cette pensée me met dans la situation paradoxale de savoir qu'il est tout naturel de mourir et pourtant de ne jamais reconnaître une mort naturelle.

Ceci sera vérifié dans deux cas où la mort cesse d'être dramatique : c'est précisément parce qu'elle n'est plus rapportée à une personne, soit par l'effet de l'habitude, soit sous l'influence du mépris.

Il y a, en effet, le point de vue du croque-mort. Au début du cinquième acte de *Hamlet*, les fossoyeurs

---

(1) Bossuet, *Sermon sur la mort*, Introduction.
(2) François Mauriac, *Journal*, Paris, Grasset, 1934, p. 53.

plaisantent en creusant la tombe d'Ophélie et, pour
se donner du cœur à l'ouvrage, ils chantent :

> *Ahan! ma pioche! ahan! ma pelle!*
> *Han! fin drap de linceul.*
> *La fosse en marne, ahan! est belle,*
> *L'hôte y sera tout seul* (1).

« Oh, s'écrie Hamlet, le gaillard n'a-t-il pas conscience
de sa besogne, qu'il chante en creusant une tombe? »
*Has this fellow no feeling of his business, that he sings at
grave-making?* « L'habitude, explique Horatio, en fait
pour lui une occupation naturelle. » *Custom had made it
in him a property of easiness* (2).

Peu importent les personnes. Ophélie ou n'importe
qui... Plutôt : ou n'importe quoi.

Il arrive que le mépris, se glissant dans la haine, supprime la personne jusque dans son cadavre; non seulement la mort cesse d'être dramatique, mais elle n'est
même plus indifférente : elle devient comique. Un père
a totalement dépouillé son fils : il lui a pris son argent
et la femme qu'il aime. Le fils le tue, sans commettre
un crime juridique, dans une scène de comédie : la
troisième de l'acte II du *Pain dur*. Louis menace d'un
pistolet le vieux Turelure, il tire, le coup ne part pas
mais la peur suffit... « Jamais il n'a eu l'air si respec-
table », remarque-t-il devant le visage jaune aux yeux
rouges (3).

Par la mort, ce n'est pas uniquement la dernière

(1) Acte V, scène I :

> *A pick-axe, and a spade, a spade,*
> *For and a shrouding sheet :*
> *O, a pit of clay for to be made*
> *For such a guest is meet*

Je donne ici le texte de la chanson d'après Marcel SCHWOB,
La Tragique histoire d'Hamlet, Crès, 1920.
(2) *Ibidem*, trad. A. GIDE, p. 97.
(3) Paul CLAUDEL, *Le Pain dur*, N. R. F., 1918, p. 110.

minute qui est dramatique mais l'existence elle-même.

« Quand l'univers l'écraserait, l'homme serait encore plus noble que ce qui le tue, parce qu'il sait qu'il meurt (1)... » Aussi s'arrange-t-il pour ne pas le savoir. « Les mortels, écrit Bossuet, n'ont pas moins de soin d'ensevelir les pensées de la mort que d'enterrer les morts mêmes (2). »

La société ne peut vivre dans le drame : il faut donc qu'autour de la mort elle écarte le point de vue des personnes qui la rendent dramatique. Elle met d'abord entre parenthèses la personne du mort qui devient « le corps » pour les pompes funèbres et le *de cujus* pour le notaire. Elle suppose également entre parenthèses celle des employés dans l'exercice de leur emploi : la sensibilité du maître des cérémonies ou celle du fonctionnaire de l'état civil reste en dehors de la relation que leur rôle établit entre la compétence et l'objet auquel elle s'applique; s'ils sont émus, c'est leur affaire; ils ne sont pas payés pour cela. Car il ne s'agit que d'un objet. L'entreprise des pompes funèbres enlève un objet dont la nature de chose inanimée a été objectivement établie. L'État tient à enregistrer un fait objectif qui modifie ses statistiques et la distribution des richesses.

A dire vrai, ni l'entreprise des pompes funèbres ni les services publics ne rencontrent la mort : ils ne connaissent que le décès. La mort est le commencement d'une vie qui doit tout à l'amour des vivants; le décès, le commencement d'une corruption qui substitue l'hygiène aux sentiments. La mort afflige ceux qu'elle sépare; le décès transforme l'orphelin pitoyable en héritier imposable.

La pensée du décès va donc nous permettre de vivre en sachant que nous sommes mortels et sans penser à

(1) Pascal, *Pensées*, Édition Brunschvicg, n° 347.
(2) Bossuet, *Sermon sur la mort*, Introduction. Cf. les analyses de Louis Lavelle, *La Conscience de soi*, Grasset, 1933, ch. XI, La mort; R. Le Senne, *Le Devoir*, Alcan, 1930, §14.

la mort. Le notaire lira, avec un sourire qui l'excuse, les articles du contrat qui prévoient le décès de l'un des conjoints : formalité qui ne trouble pas la fête; l'amour ne meurt pas, les amants non plus.

Le dramatique marque le retour au réel. Le mystère de la mort ne se cache plus derrière l'idée claire de décès. Le décès sans date ne profite plus du précieux mensonge qui confond incertain avec lointain de manière à rassurer une existence ravie de se sentir quotidienne. Le dramatique signifie la présence de la mort dans la vie.

J'ai horreur d'une plaie saignante, je crains une rage de dents, j'ai pitié d'un estropié. Tout change si la maladie, la blessure, l'infirmité portent en elle une menace de mort, même fugitive ou déraisonnable. Leur donnerait-on les mêmes noms, les sentiments ne sont plus les mêmes quand ils sont bordés de noir.

La vie quotidienne joue à ne pas voir la mort, mais ce jeu n'abolit pas le sentiment confus de sa menace; un sourd malaise accompagne des joies qui ne se voudraient pas éphémères, des espérances qui ne se voudraient pas limitées, une pensée qui se voudrait impassible. La moindre souffrance enfle l'accompagnement et transforme le malaise en inquiétude. Qu'est-ce que des parents ne voient pas dans le rhume de leur enfant?

La pensée de la mort envahit la conscience du corps. Mais elle ne nous rappelle pas seulement la condition de cette carcasse soumise à la génération et à la corruption. Elle se glisse sous les peines du cœur, les échecs de la volonté, tout ce qu'elle prolonge en impression de vie gâchée. La pensée de la mort pénètre le temps au point que temporel et mortel sont presque synonymes. Il se produit une espèce de choc en retour anticipé qui fait trembler chaque instant : je ne pourrai ni tout savoir ni tout éprouver; mon choix m'interdit définitivement les chemins que je ne prends pas; refaire sa vie n'est qu'une métaphore consolante et le temps perdu n'est jamais retrouvé qu'en dehors du temps.

Ainsi la pensée de la mort déborde la simple annonce de l'événement imprévisible et cependant prévu qui marque le point final de l'existence. Elle colore des sentiments qui ne la visent pas directement. Elle condamne l'intelligence à la lucidité et pénètre l'âme souterraine. Surtout, elle manifeste cette action de l'avenir sur le présent que celle du passé a trop souvent cachée. Disons plus : elle introduit la mort dans la vie. Savoir que je mourrai signifie que je meurs. Je mourrai? Alors, les années meurent, les jours meurent, les instants meurent. Être et n'être pas, voilà l'existence.

De là, sans aucun doute, la gravité de l'existence, cette gravité, au double sens du mot, qui lui donne poids et valeur, cette gravité dont sont privés tous les mortels qui s'ignorent et dont le dramatique n'est qu'un autre nom.

Oubliez la mort? La maladie cesse de paraître mortelle; le crime ne va pas au delà des coups et blessures, le châtiment au delà de travaux forcés vraiment perpétuels; la guerre ne tue plus, la révolution cesse d'être Terreur; l'héroïsme ne risque rien d'essentiel et la sagesse devient facile, n'étant plus l'apprentissage de la mort.

Rendez à la vie son inconscience vitale. Comment saurait-elle qu'elle ne verra jamais deux fois ce qu'elle aime? En quoi les neiges d'antan pourraient-elles l'émouvoir?

Sur la toile et dans la pierre, en musique ou en vers, dans l'histoire ou dans le roman, sur l'écran ou sur la scène, le dramatique n'est jamais que le rayon noir de la mort.

Le théâtre n'est donc pas dramatique seulement dans le cas où il y a un mort au dénouement. La mort qui fait le drame n'est pas nécessairement dans l'anecdote : une intrigue multipliant ses épisodes autour de «mourra-t-il ? », est, certes, dramatique, mais avec quelle autre intensité peut l'être une action imprégnée par la pensée de la mort et dominée par les sentiments plus ou moins consciemment dérivés d'elle : angoisse, peur, inquiétude, anxiété, mélancolie (1).

Dans *La Chapelle ardente*, le mort agissant, si l'on peut dire, précède la pièce : son souvenir crée « la chapelle ardente » où s'enferme sa mère et où se joue le drame. Dans *Le Mort de demain*, il n'est tout de même pas sûr que demain sera le jour de sa mort (2). Ici et là, point de cadavre au dénouement, point de mort anecdotique. Un soldat a été tué; sa mère n'accepte pas; un « désespoir égoïste et despotique la conduit à ruiner sans le vouloir ou sans savoir qu'elle le veut, l'existence de la fiancée du disparu »; tout en restant fidèle au souvenir de celui-ci, la jeune fille n'ose pas s'avouer qu'elle est attirée par un brillant camarade de tennis; celle qu'elle avait déjà appelée « maman » l'arrache à la tentation de vivre. « Pour une âme comme la tienne, le bonheur ne pouvait être qu'un autre nom du sacrifice (3) » : elle entreprend de lui révéler sa vocation qui est l'héroïsme. Or, les héroïnes ne trouvent point la paix dans les joies de ce monde; celle-ci la trouvera dans l'immolation : elle épousera un cousin cardiaque, condamné par les médecins. Et un jour viendra où le grand souffle de la vie entrera dans la chapelle ardente pour éteindre tous les cierges qui s'y consumaient. Dans l'autre pièce de M. Gabriel

(1) Sur la mort comme principe de l'émotivité, voir les analyses de Jules VUILLEMIN, *Essai sur la signification de la mort*, Presses Universitaires, 1948.

(2) Gabriel MARCEL, *Trois pièces*, Paris, Plon, 1931; la présentation du recueil sur feuille volante a été reproduite dans *La Nouvelle Revue des Jeunes*, 15 octobre 1931, p. 470. Sur le rôle de la mort dans le théâtre et la métaphysique de Gabriel Marcel, voir G. FESSARD, *Théâtre et Mystère*, Introduction à *La Soif*, Desclée, 1938, p. 30 *sq.*; Joseph CHENU, *Le Théâtre de Gabriel Marcel et sa signification métaphysique*, Aubier, 1948, p. 92 *sq.*

(3) *Ibidem*, p. 240.

Marcel, « l'angoisse prend la forme d'une obsédante anticipation » : une femme qui aime passionnément son mari vit dans la pensée qu'il sera tué au front; elle cherche à s'adapter par avance à la catastrophe; lorsque celui-ci arrive en permission, il comprend qu'il est « le mort de demain », et il le sent d'autant plus cruellement que cette mort trop prévue l'a rendu intouchable. Crime de l'amour contre l'amour même, car « aimer un être, c'est lui dire : Toi, tu ne mourras pas (1) ».

Mais la mort charge de puissance dramatique des sentiments qui ne semblent pas la viser directement.

L'honneur fut, par son essence même, le plus dramatique des sentiments dans un monde où une classe entière reconnaissait sa devise dans ces mots : « Mon honneur, c'est ma vie (2). » A dire vrai, il est la vie et plus que la vie. Dans cette même pièce de Calderon, un autre personnage va jusqu'à cette audacieuse définition : « L'honneur est l'autre âme de l'autre vie (3). » *Le Médecin de son honneur* nous montre un roi proclamant aussi : « L'honneur est un lieu réservé où réside l'âme (4). » On comprend alors la conséquence : « Il se lave avec le sang (5). »

Perdre l'honneur, c'est perdre la vie et ce qui fait la noblesse de la vie, c'est-à-dire, pour une âme noble, la vie même de la vie. « Astolfe, l'ingrat, perdant la mémoire de notre amour, est venu en Pologne pour épouser Estrelle. Moi, je demeurai seule, offensée,

---

(1) *Ibidem*, p. 161.

(2) *La Vierge du Sagrario*, Deuxième journée, dans *Drames religieux de Calderon*, traduction par Léo ROUANET, Paris, A. Charles, 1898, p. 223.

(3) *Ibidem*, Deuxième journée, p. 217, *el honor es otra alma de otra vida*.

(4) *Le Médecin de son honneur*, Troisième journée, scène I, d'après CALDERON, *Deux comédies*, adaptation par Alexandre ARNOUX, Grasset, 1945, p. 181; texte joué par Charles Dullin à l'Atelier en 1935.

(5) *Ibidem*, dernière scène, p. 206.

bafouée, folle, morte (1)... » Voilà le mot de la situation créée par une offense qui a détruit l'honneur. Une mathématique morale très précise exige alors une restauration de l'honneur, soit par l'acte qui fait droit à la demande de l'offensé, soit par une espèce de compensation qui ne peut être que la mort de l'offenseur : ou Astolfe épousera Rosaura, ou il périra.

L'honneur offensé se porte vers la mort par un réflexe. Il n'y a point de problème. Le roi de Tolède, Alphonse, promet aux Maures de leur laisser la cathédrale pour mosquée. Sa femme décide d'occuper le vénérable sanctuaire, par la force au besoin. Dès qu'il apprend ce geste, capable de le faire passer pour un traître aux yeux de ses ennemis d'hier, il n'hésite pas : « La reine qui, je le reconnais, est l'âme de mon âme, tant je l'estime et je l'adore, la reine, vive Dieu! mourra aujourd'hui de mes mains. Je ne connais que mon honneur (2)! »

L'honneur du théâtre espagnol n'est pas dramatique dans certains cas particuliers mais en vertu d'une relation essentielle à la mort. Supprimons cette relation et ce sera la salle de l'Atelier lorsqu'en 1935 Charles Dullin eut le courage de monter *Le Médecin de son honneur.*

Doña Leonor est une jeune fille aux manches longues et à l'âme farouchement pure. Un gentilhomme, Don Guttierre, a passé quelques soirées dans sa maison; il ne l'a pas épousée : cela suffit pour que son honneur soit définitivement compromis; elle ne peut plus assister à la grand-messe et la voici aux pieds du Roi qui demande justice. Le Roi trouve, en effet, son cas très grave. Mais que faire? Don Guttierre a épousé Doña Mencia...

(1) *La Vie est un songe*, Troisième journée, scène X, d'après *Deux comédies...*, p. 100-101.
(2) *La Vierge du Sagrario*, Troisième journée, *édition citée*, p. 239.

Doña Mencia a aimé l'infant Don Henri qui l'aimait. Or, le frère du Roi ne peut épouser qu'une femme de sang royal et la vertu de Doña Mencia interdit tout compromis. La passion dévore le cœur du jeune homme; il profite d'une absence du mari pour se glisser dans le jardin de l'aimée. Celle-ci reste fidèle à son honneur, mais cette rencontre nocturne suffit pour ternir celui de Don Guttierre.

On imagine ce que peuvent produire ces susceptibilités devant un public habitué aux adultères sympathiques, aux divorces par complaisance mutuelle, aux maris spirituellement philosophes... Et au dénouement, la stupéfaction l'emporte sur l'envie de rire.

Don Guttierre, « médecin de son honneur », ne voit la guérison que dans une opération chirurgicale : une saignée supprimera discrètement et honnêtement la jeune femme, sans compromettre son salut éternel. Le Roi n'est pas dupe de cet accident. Va-t-il traiter en criminel ce mari dont le formalisme conclut avec une telle rapidité au nettoyage par le sang? Il voit aussitôt la solution à l'embarrassant problème que posait l'honneur de Doña Leonor : rien n'empêche plus Don Guttierre d'accorder réparation à celle que son mariage avait offensé; le Roi le condamne à épouser Doña Leonor, et ceci quelques heures après la saignée de sa première femme.

Le spectateur parisien de 1935 se croit à l'opérette. Le drame tient à une extraordinaire logique que ne perçoivent ni son intelligence ni son cœur : l'honneur est consubstantiel à l'existence et, puisqu'il s'agit de logique, employons son langage : la mort s'en déduit par une nécessité analytique.

Confondre l'honneur avec le « qu'en dira-t-on », ne voir en Don Guttierre qu'un mari jaloux, c'est, sans changer un seul mot du drame, le dégrader en sa propre parodie.

Dans cette perspective où la mort est principe du

dramatique, le drame par excellence sera représenté par ces œuvres où Auguste Strindberg ajoute à la mort physique la mort psychique, « le meurtre d'âme », *Själamord*, comme dit le titre de l'article où il analyse le crime par suggestion de Rebecca West, l'héroïne de *Rosmersholm*, et l'influence de Iago empoisonnant le cœur d'Othello (1).

Peu importe que *Les Créanciers* soient, comme l'écrivait l'auteur, « un drame naturaliste (2) », ou que, selon un exégète, leur réalisme soit imprégné d' « idéalisme (3) » : d'où vient l'intensité dramatique de la pièce?

Trois personnages, trois scènes, trois duos : le premier mari et le second mari qui ignore le passé de son compagnon; la femme et son second mari; la femme et son premier mari. Un rapide dénouement rassemble les trois combattants ou plutôt les deux derniers devant le cadavre de leur victime. Tekla est une femme de lettres, capable d'écrire une autobiographie mais non d'inventer; son talent n'est qu'un prodigieux don d'assimilation, au sens le plus biologique du terme : sa personnalité apparente s'explique par un véritable cannibalisme de l'âme dont ses deux maris furent les victimes successives. Le premier, rescapé de justesse, se venge en achevant le second.

L'action est tout entière dans le dialogue. Aucune opposition entre le drame et ce parasite que M. Gaston Baty appelle « Sire le mot » : le mot est drame parce qu'il tue. De l'assassinat comme un des beaux-arts : un certain art de bien parler. La mort unit l'action

(1) Cf. A. JOLIVET, *Le Théâtre de Strindberg*, Paris, Boivin, 1931, p. 140-141. Voir aussi le chapitre X de Paul ARNOLD, *Frontières du théâtre*, notamment p. 192, 205-206.

(2) Strindberg à son éditeur Bonnier, 21 août 1888, cité par A. JOLIVET, *ouvr. cit.*, p. 173.

(3) Camille POUPEYRE, *Les Dramaturges exotiques*, nouvelle série, Bruxelles, La Renaissance de l'Occident, 1926, p. 69.

au verbe qui exclut alors le discours et même « l'effet ». Jamais un personnage ne s'adresse au public : il ne pense qu'à l'adversaire sur lequel sa phrase agit.

La mort n'arrive pas seulement à la fin : elle donne à chaque instant sa densité dramatique. Non point parce que chaque instant y conduit, ce qui, en un sens, est le cas de tous les drames, mais parce que le meurtre psychique s'accomplit à chaque instant. L'action est une espèce d'évolution destructrice.

III. — Le dramatique et la métaphysique.

La signification dramatique de la mort est déchiffrée ici à travers des réactions indépendantes des interprétations religieuses ou métaphysiques sur son au-delà.

Ce qui intéresse la définition du dramatique, c'est, devant la mort, cette philosophie des gens qui ne font pas de philosophie ou des philosophes en tant qu'ils ne pensent pas encore selon leur philosophie.

On pourra discuter sur la religion de Shakespeare : ces recherches ne peuvent ni accroître, ni diminuer, ni modifier l'émotion dramatique que soulève la triste histoire de Roméo et Juliette. La mort de Ruy Blas et celle d'Hernani sont dramatiquement indépendantes du déisme que professe Victor Hugo, comme celle d'Yseult, abstraite de ses résonances tragiques, l'est du panthéisme de Schopenhauer mis en musique par Wagner.

« Elle me résistait, je l'ai assassinée ! *(il jette le poignard aux pieds du Colonel).* » L'effet dramatique, lui, est irrésistible : il nous est tout à fait indifférent d'apprendre que Dumas père ne croit pas à son âme, comme il nous en avertit dans l' « explication » versifiée qui précède *Antony* (1).

---

(1)   *Viens donc, ange du mal dont la voix me convie;*
       Car il est des instants où, si je te voyais,
       Je pourrais, pour son sang, l'abandonner ma vie
           Et mon âme... si j'y croyais.

Au théâtre comme dans la vie, matérialistes et spiritualistes, athées et chrétiens, sceptiques et positivistes éprouvent devant la mort une horreur étonnée qui n'exprime ni leur matérialisme, ni leur spiritualisme, ni une philosophie, mais la difficulté que l'homme éprouve à penser la mort de quelqu'un sous la catégorie du « tout naturel ». C'est ensuite que la méditation s'attache à cette difficulté, transformant une réaction spontanée en foi religieuse, en vérité métaphysique ou en illusion.

La philosophie du drame n'est donc liée à aucune philosophie particulière de la mort. Ce qui ne veut pas dire que les philosophies de la mort soient sans effet sur la réalité dramatique. Que, par elles, la mort cesse d'être un mystère et notre réaction devient absurde, absurdité peut-être émouvante mais qu'une logique impitoyable dénonce.

La mort cesse d'être un mystère quand on sait de façon absolument sûre ou bien qu'elle est une fin ou bien qu'elle est un commencement. Qu'en résulte-t-il pour le drame?

Lorsque la réflexion réduit la mort à un épisode strictement naturel et entièrement expliqué au niveau de la biologie, la mort ne supporte plus une signification dramatique puisque à dire vrai elle perd toute signification. Ainsi, le dramatique ne subsiste qu'à la faveur d'un retard du cœur sur la raison : la sagesse peut l'excuser, non le justifier; l'art ne peut même l'excuser, car, n'exprimant plus un mystère authentique, il ne représente plus qu'un pathétique de qualité inférieure.

Mais il y a deux manières bien différentes de dire ces choses. Les uns discréditent le dramatique parce qu'ils mettent l'homme au-dessus de la personne; les autres, parce qu'ils le laissent au-dessous.

Ce qu'il y a de vraiment et spécifiquement humain en chacun de nous est une Raison impersonnelle; ou bien un Esprit qui se réalise au cours des siècles dans ces puissances anonymes que sont la science, l'art, la morale; ou encore une Humanité qui grandit à la fois au-dessus et à travers les histoires individuelles... Dans ces perspectives, la mort défait les existences dont la nature est d'être passagères, elle n'atteint pas ce qu'il y a de plus humain dans l'homme, elle n'est rien de plus que ce qu'elle paraît être, la décomposition d'un organisme et d'un psychisme. C'est lui faire trop d'honneur que d'en faire un drame.

Est-ce la mort du drame?

Il est facile de déduire ces idées : il l'est beaucoup moins de les vivre. De là un refus dramatique du dramatique. Refuser l'existence à la personne et transformer la mort en idée claire, regarder cette mort en face avec la volonté de ne pas idéaliser le cadavre, c'est bien une nouvelle forme du combat avec l'Ange, avec l'Ange qui, dans les tableaux des vieux maîtres, emporte l'âme au ciel. Le pathétique qui se fuit n'en est pas moins pathétique, celui du scientiste décidé à sentir comme il pense, celui de Léon Brunschvicg dont le sourire affirme que sa propre mort ne l'intéresse guère (1). Ne croyons pas que les philosophies les plus strictement rationalistes soient sèches et inhumaines : elles disent avec ferveur que la sérénité est la suprême valeur, que rien n'est plus beau qu'un matin d'été, que l'intelligence se plaît dans un monde sans drame. Elles ne nient pas le drame : elles prétendent que le drame

(1) Rappelons-nous l'émouvant dialogue au Congrès Descartes de 1937 : Léon Brunschvicg : « La mort de Léon Brunschvicg intéresse beaucoup moins Léon Brunschvicg que la mort de Gabriel Marcel n'intéresse Gabriel Marcel. » — Gabriel Marcel : « Admettons que l'égoïsme m'inspire quand je me préoccupe de ma mort. Mais comment qualifier l'attitude qui se satisfait d'un pareil désintéressement, quand il s'agit de la mort de l'être aimé ? » Gaston FESSARD, *Théâtre et Mystère*, Introduction à la pièce de G. Marcel, *La Soif*, p. 40; cf. G. MARCEL, *Le Mystère de l'être*, II, Foi et réalité, Aubier, 1951, p. 152.

ne vaut pas la peine d'être pensé. Et c'est leur manière
de le dénouer.

Dans le drame qui surgit de sa propre défaite, le
principe du dramatique reste le même : le fait de traiter la mort comme étrange et étrangère. Si un effort
héroïque est demandé au philosophe qui prive la mort
de son mystère, c'est que ce mystère résiste. Si elle
est naturelle, en effet, pourquoi des regrets? pourquoi
des larmes? Parce que, même à quatre-vingts ans, ce
mort aurait pu vivre encore quelques années? Mais
pourquoi, à cent ans, cette possibilité lui serait-elle
refusée? Il est trop clair que l'émotion ne naît pas d'un
calcul et ne disparaît pas avec un calcul. Devant la
mort, le philosophe ne se comporte pas selon sa philosophie tout simplement parce qu'il est un homme et
non une raison pure. Que ce soit seulement la carcasse
qui tremble, que le mystère soit un mythe dont une
mystification vitale adapte l'imagerie aux progrès de
l'esprit, qu'est-ce que cela prouve? Que plus les puissances qui dramatisent la mort sont instinctives et primitives, plus la lutte de l'intelligence est dramatique.

Ainsi on ne verra point le drame disparaître du
monde en se tournant vers les philosophies qui visent
au-dessus de lui : il faudrait plutôt regarder celles qui se
déroulent au-dessous. Là, il ne s'agit plus de le surmon-
ter dans une résignation héroïque à la mort mais de
penser et d'agir au niveau d'une existence rendue, pour
ainsi dire, infra-dramatique par un certain mépris des
hommes ou du moins par le mépris de certains hommes.

Il n'y a aucun drame pour le pharaon qui condamne
aux travaux mortels les esclaves employés à construire
la pyramide, ni pour Napoléon à l'instant où il compense
les pertes de la journée par « une nuit de Paris »; pas
davantage au point de vue du gouvernement qui sert
le bien commun en supprimant les incurables. La raison n'est certes pas embarrassée pour rationaliser ces
conduites, ou dans une morale des maîtres ou dans

une théologie de l'État ou dans une métaphysique du salut public. Autant de doctrines qui excluent le dramatique non pour élever l'homme au-dessus de son drame, mais pour lui enlever la possibilité de l'atteindre.

Que devient, par exemple, un drame comme celui que François de Curel concevait dans *La Nouvelle idole?* Un médecin inocule le cancer à une tuberculeuse incurable; mais la tuberculose guérit et le cancer demeure. D'abord, les données mêmes de l'exposition changent : qu'un savant, pour servir la science et l'humanité, expérimente sur une malade incurable comme sur un lapin, c'est normal; là où le héros de François de Curel voit un terrible cas de conscience, il n'y a même plus un problème. Pourtant, peu importe ce premier drame puisque notre biologiste s'en libère; voici maintenant celui dont il ne se libère pas : une guérison imprévisible transforme l'expérimentation en crime. Attention! Ce nouveau drame n'éclate qu'en vertu d'un droit à la vie reconnu à toute personne humaine : il se dissout avec ce droit. Une histoire récente a montré, et pas au théâtre, des savants expérimentant sur des hommes sacrifiés pour des raisons n'ayant aucun rapport avec leur état de santé : à leur point de vue, il eût été impossible de tirer un drame de leurs travaux, même au théâtre.

Y a-t-il encore drame dans une vision du monde où la mort sera traitée comme un phénomène d'usure, pour celle des vieillards, ou un phénomène d'inadaptation, pour celle des enfants? Y a-t-il drame dans une vision du monde où ce fait biologique ne jouira que d'une importance sociologique, représentant la disparition d'un combattant ou d'un producteur ou d'un parasite? Si l'homme n'est qu'un faisceau de fonctions vitales et sociales, la mort, selon la juste remarque de M. Gabriel Marcel, « apparaît comme une mise hors d'usage, comme une chute dans l'inutilisable, comme *déchet* pur (1) », ce qui la prive de tout rayonnement dramatique.

Pour devenir exterminatrices, les idéologies commencent par ôter toute signification à la mort : c'est là le meilleur moyen de n'être plus encombré par les personnes; il ne reste alors que du « matériel humain », du bon matériel et du mauvais.

Les plus grands drames de l'histoire ne s'expliquent peut-être que par la perte du sens dramatique.

La mort cesse d'être dramatique quand s'évanouit le mystère que l'existence de la personne ajoute à l'épisode biologique. Mais la certitude métaphysique ou religieuse d'une autre vie ne produit-elle pas le même effet que la certitude contraire? Si la dissolution du composé organique laisse intacte l'existence de l'unité personnelle, il n'y a pas plus de mystère ni, par suite, de drame que dans la perspective où l'âme s'éteint avec le regard. En un sens, l'affirmation d'un ordre surnaturel commence par réintroduire la catégorie du «tout naturel» dans notre pensée de la mort: il est de sa nature que le corps soit soumis à la corruption comme à la génération, il est de sa nature que l'âme tombée des cieux ne partage pas le sort de son associé.

Socrate mourant interdit les larmes et les gémissements. « N'ai-je pas renvoyé les femmes pour éviter ces fausses notes? Vous connaissez le précepte : il faut mourir avec des paroles heureuses (2). » Ne sait-il pas que « son voyage, d'ici là-bas », est un simple changement de résidence (3)? De là aussi la sérénité des gisants dans nos chapelles, la joie dont le peintre chrétien illumine le saint quittant ce monde, et cette « douce mort »

(1) *Position et approches concrètes du mystère ontologique*, dans *Le Monde cassé*, Desclée De Brouwer, 1933, p. 258.
(2) PLATON, *Phédon*, 117 *d;* traduction donnée par A.-J. FESTU-GIÈRE, *Socrate*, Flammarion, 1934, p. 163.
(3) *Ibidem*, 116 *c* et Festugière, p. 162.

où Jean Sébastien Bach révèle une douceur de vivre.

Fin ou commencement, c'est toujours la mort sans drame. Aussi est-il parfois difficile de savoir en quel sens le mystère est dépassé. Dans le *Requiem* de Fauré, où l'émotion s'intensifie par élimination du dramatique, les uns reconnaîtront la sérénité du sage que n'effleure même plus la pensée de sa finitude, les autres, la tendresse confiante de l'âme ouverte à la lumière.

Ainsi, mort totale et immortalité impliquent, l'une comme l'autre, effacement du dramatique, mais, dans le second cas, le mouvement s'opère toujours au profit du tragique.

La certitude de Socrate et la foi du chrétien expriment la présence d'une transcendance. « Au-delà » ne signifie pas un « après » temporel mais un « au-dessus » non spatial : la mort est, pour chaque homme, la fin du monde et la fin des siècles, le commencement d'une existence hors du temps. La vie éternelle ne peut donc être comparée à une vie indéfiniment prolongée; entre elle et les millions de millénaires que l'imagination peut évoquer, il y a cette rupture radicale que marque le mot transcendance : l'âme du comte d'Orgaz retourne à Dieu.

Une horizontale sépare deux mondes : dans le bas, l'enterrement du seigneur d'Orgaz; au-dessus, sa réception à la Cour céleste. Au premier plan, saint Augustin et saint Étienne, couverts de riches étoffes, s'inclinent pour soulever le cadavre du seigneur d'Orgaz. Derrière eux, des gentilshommes, des prêtres, des moines forment, dit Barrès, « une sorte de frise ». « Le miracle qui s'accomplit devant eux les édifie sans les étonner. Aussi bien, comment s'étonneraient-ils d'avoir la visite de ces deux saints, puisqu'ils savent qu'au même moment l'âme du seigneur d'Orgaz reçoit audience de la Cour céleste (1)... » Il n'y a plus de drame sur la

(1) Maurice BARRÈS, *Greco ou le secret de Tolède*, Émile-Paul, 1912, p. 11-12.

terre quand la lumière éternelle dissipe le mystère de
la mort, mais le beau chant funèbre du Greco s'élève
avec la douceur tragique des certitudes inspirées.

Si le tragique manifeste la présence d'une transcendance, l'immortalité crée une situation où le dramatique
est comme absorbé par le tragique.

La mort n'est ni cause ni condition du tragique; le
plus souvent, elle ajoute un drame à la tragédie : mais
il arrive que la transcendance tragique atténue et, à
la limite, supprime son mystère dramatique. Tel est,
semble-t-il, le cas de Polyeucte.

Je cherche la mort pour Dieu, déclare le nouveau
chrétien en se dirigeant vers le temple où il brisera les
idoles et vers le ciel où « la palme est préparée » :

> *Pourquoi mettre au hasard ce que la mort assure?*
> *Quand elle ouvre le ciel peut-elle sembler dure* (1)?

Au contraire, Félix promet-il d'arrêter les persécutions?

> *... Non, non, persécutez,*
> *Et soyez l'instrument de nos félicités* (2).

Le futur martyr possède une certitude absolue et de
l'immortalité et de l'élection de son âme. Il sait que
la grâce l'inonde, il la sent comme la chaleur et la
lumière d'un « feu », comme un saint « transport » : elle
est un avant-goût du bonheur éternel.

La mort n'est plus dramatique pour l'excellente raison qu'elle n'est plus la mort, c'est-à-dire un événement
toujours futur pour celui qui la pense : Polyeucte est
déjà de l'autre côté. C'est une âme déjà béatifiée qui
repousse les bons offices de Félix et qui accueille sa
femme par cet étrange : « Vivez avec Sévère. »

La mort est dramatique pour Pauline et pour Félix
tant que les « secrets » des chrétiens n'en dissipent pas

(1) Acte II, scène VI.
(2) Acte V, scène II.

le mystère : c'est pourquoi ils veulent sauver Polyeucte. Mais, à l'instant même où la grâce les touche, elle transforme l'idée qu'ils se font de la mort : ils cessent de regretter celle de Polyeucte et ne demandent plus qu'à le suivre.

> *Son sang, dont tes bourreaux viennent de me couvrir,*
> *M'a dessillé les yeux, et me les vient d'ouvrir.*
> *Je vois, je sais, je crois, je suis désabusée :*
> . . . .
> *Polyeucte m'appelle à cet heureux trépas;*
> . . . .
> *Affermis par ma mort ta fortune et la mienne :*
> *Le coup à l'un et l'autre en sera précieux*
> *Puisqu'il t'assure en terre en m'élevant aux cieux* (1).

Or, en même temps qu'il écoute sa fille, Félix se sent « forcé par un secret appas » :

> *Je cède à des transports que je ne connais pas;*
> *Et par un mouvement que je ne puis entendre,*
> *De ma fureur je passe au zèle de mon gendre.*

Il a envoyé ce dernier au supplice :

> *Heureuse cruauté dont la suite est si douce!*

Car, « n'en doutez point », sa brusque conversion signi- fie que Polyeucte a tenu ses promesses (2) :

----

(1) Acte V, scène V.
(2) Cf. Acte V, scène II :

FÉLIX

> *Je te parle sans fard et veux être chrétien*
> . . . .
> *Ce zèle de ta foi ne sert qu'à te séduire,*
> *Si tu cours à la mort plutôt que de m'instruire.*

POLYEUCTE

> *Je vous en parlerais ici hors de saison :*
> *Elle est un don du ciel et non de la raison;*
> *Et c'est là que bientôt, voyant Dieu face à face,*
> *Plus aisément pour vous j'obtiendrai cette grâce.*

> *J'en ai fait un martyr, sa mort me fait chrétien :*
> *J'ai fait tout son bonheur, il veut faire le mien.*

Ce bonheur, naturellement, ne sera complet qu'au ciel :

> *Donne la main, Pauline. Apportez des liens;*
> *Immolez à vos dieux ces deux nouveaux chrétiens* (1).

Le thème majeur de *Polyeucte* est celui d'une marche triomphale : il entraîne d'abord le néophyte, puis Néarque, puis Pauline, puis Félix et même Sévère. A aucun moment, le rythme et la tonalité ne deviennent ceux d'une marche funèbre. C'est pourquoi *Polyeucte* est une tragédie qui finit bien et elle finit bien dans la mesure où elle est une tragédie : sous le regard du Dieu transcendant qui appelle les élus, la mort cesse d'être une façon de mal finir.

Il serait impossible de comprendre le dénouement et par suite l'action elle-même à un point de vue strictement humaniste, celui de Félix avant sa conversion :

> *As-tu donc pour la vie une haine si forte* (2)?

La mort est ce qui peut arriver de pire : voilà ce que pense tout homme sain d'esprit. Dans cette perspective, Polyeucte est un insensé : parlons de fanatisme, non de religion. Mais c'est regarder son geste à travers une idée dramatique de la mort que justement la transcendance tragique élimine et cette élimination progressive constitue l'action, l'action intérieure à l'intrigue et prise au-dessous des épisodes dont elle est pourtant inséparable. Le martyre était dramatique pour Néarque pendant qu'il hésitait, pour Pauline tant que son amour ne s'achevait point dans la foi, pour Félix jusqu'à son

(1) Acte V, scène VI.
(2) Acte V, scène II.

illumination : il commence à cesser de l'être pour Sévère soupçonnant que les chrétiens

Ont quelque chose en eux qui surpasse l'humain (1).

La lumière tragique ronge peu à peu l'ombre dramatique de la mort.

Est-ce à dire que *Polyeucte* représente la tragédie typiquement chrétienne? La transcendance est ici celle de l'Église triomphante, la transcendance sans drame des cours célestes, des ascensions, des assomptions. *Polyeucte* donne « des nausées » au poète de *Partage de midi* et du *Soulier de satin* (2). L'univers où Mesa cherche Dieu et trouve Ysé, où Dieu parle à Don Rodrigue par la voix de Doña Prouhèze, cet univers-là est celui de l'Église militante où la transcendance tragique s'affirme dans une action dramatique.

Un péché qui entraîne la mort et une mort qui appelle la rédemption, tels sont les deux faits qui définissent l'histoire chrétienne, de sorte que celle-ci devient chrétienne au moment même où elle devient à la fois tragique par la présence de Dieu et dramatique par la mort de l'homme.

L'histoire chrétienne ne juxtapose pas le drame à la tragédie : ici, le drame est tragique comme la tragédie est dramatique. Dieu condamne à mort Adam et Ève; mais cette mort n'est pas seulement celle du corps : le pécheur a perdu la vie éternelle avec la vie terrestre. L'immortalité ne promet pas nécessairement le repos dans la paix que berce la musique des anges : au mys-

(1) *Ibidem*, Acte V, scène dernière.
(2) Robert BRASILLACH, *Notre avant-guerre*, Grasset, 1941, lettre de Claudel à l'auteur, p. 315-317 : « ...Polyeucte n'est qu'un fier-à-bras grotesque, et ce n'est pas avec des rodomontades imbéciles qu'on affronte l'Enfer! Tout le reste n'est qu'orgueil, exagération, pionnerie, ignorance de la nature humaine, cynisme et mépris des vérités les plus élémentaires de la morale... »

tère dramatique de la mort ici-bas, elle superpose un autre drame avec une autre mort et un autre mystère. Le salut est une victoire sur la mort : il introduit donc une relation essentiellement dramatique entre Dieu et l'homme puisque ce dernier joue sa vie, relation qui est aussi essentiellement tragique puisqu'elle introduit dans le jeu une puissance transcendante.

Que l'histoire chrétienne de l'humanité et de chaque homme unisse une tragédie et un drame, n'est-ce point ce que montre la vie exemplaire du Dieu fait homme? En elle s'affirme la présence tragique d'une transcendance au principe d'une existence doublement vouée à la mort, par la condition humaine qu'elle assume et par la volonté divine de payer au plus haut prix la rédemption du monde. Tragédie et drame sont les deux bois de la Croix.

« Rendez-moi patient à mon tour du bois que vous voulez que je supporte.

« Car il nous faut porter la croix avant que la croix nous porte (1). »

Dans la tragédie sans drame de *Polyeucte*, la croix porte les hommes même quand elle est l'instrument de leur supplice. Dans le drame tragique de *Partage de midi* et du *Soulier de satin*, les hommes portent la croix sans savoir que la croix les porte.

(1) Paul CLAUDEL, *Le Chemin de la croix*, 2e station, dans *Corona benignitatis...*, N. R. F., 1920, p. 210.

CHAPITRE IV

L'EXISTENCE SUR LA SCÈNE

I. — Du réel comme convention.

Tragédie et drame se jouent dans un monde qui existe par ma bonne volonté.

De quelle existence?

Je crois à l'existence de l'acteur.

Je crois à l'existence du personnage que l'acteur représente.

Est-ce la même existence? Évidemment non. M. Jean-Louis Barrault n'est pas Hamlet.

Est-ce la même sorte d'existence? Évidemment non. Hamlet n'existe pas de la façon dont M. Jean-Louis Barrault existe.

Est-ce le même jugement d'existence? Évidemment non. Il dépend de moi d'affirmer l'existence de Hamlet, non celle de M. Jean-Louis Barrault.

Qu'est-ce donc que je crois, en vérité, quand j'accorde l'existence à Hamlet (1)?

(1) L'œuvre dramatique plus que toute autre appelle ce que M. Étienne Souriau nomme « analyse existentielle de l'œuvre d'art » dans *La Correspondance des arts*, *Éléments d'esthétique comparée*, Flammarion, 1947, 3ᵉ partie; on utilisera aussi les distinctions établies par le même auteur dans *Les Divers modes d'existence*, Presses Universitaires, 1943, § 74 *sq.*, et les vues sur le microcosme et le macrocosme au théâtre dans *Les deux cent mille situations dramatiques*, Flammarion, Bibliothèque d'Esthétique, 1950, ch. I.

Par l'acte de bonne volonté que le théâtre me demande, un jugement d'existence pose comme réel un monde créé par le poète et recréé par les interprètes.

Tout est simple dans le cas du brave homme si bien pris au jeu qu'il guette le traître à la sortie des acteurs pour lui dire son fait (1). Un soir, dans un poulailler bellevillois, un de nos voisins lança avec conviction un retentissant « salaud! » au moment où l'espion, sûr de sa victoire, narguait ses victimes. Ici, aux yeux du spectateur, ce qui se passe sur la scène arrive réellement : le jugement d'existence introduit le drame et ses personnages dans l'univers où se déroulent les histoires des hommes et le premier cas présente une confusion si complète qu'elle se prolonge avec le baisser du rideau.

Une illusion si naïve définit-elle le spectateur idéal? C'est celle des oiseaux qui becquetaient les raisins peints par Zeuxis : peut-être n'est-elle pas plus souhaitable devant la scène que devant le tableau. Quoi qu'il en soit, ne pas oublier l'existence de l'acteur n'empêche nullement de croire à l'existence du personnage; je peux m'intéresser à la fois au jeu du comédien et à l'histoire qu'il joue; deux jugements d'existence projettent alors ce que je perçois dans deux mondes et le monde de Hamlet ne sera pas moins existant du fait qu'en suivant les tragiques aventures j'essaie de comprendre le travail du comédien et du metteur en scène. Il ne s'agit pas, en effet, de la même existence.

Qu'est-ce que le jugement portant sur l'existence du personnage s'il ne se confond pas avec celui qui porte sur l'existence de l'acteur? Il y a là une attitude que

(1) Ce ne sont point là histoires édifiantes d'un autre âge. On lisait dans *Combat*, du 30 août 1948 : « Yves Vincent a joué en 1947 au Théâtre Antoine dans *Morts sans sépulture*... En qualité de chef des miliciens, Yves Vincent se faisait attendre à la sortie par des résistants indignés qui confondaient théâtre et réalité. » (René GUILLY, *Yves Vincent*.)

l'on pourrait appeler « croire comme si... » par analogie avec « faire comme si... »

Dans le monde que nous disons réel, le jugement d'existence double la perception qui le déclenche. Or celle-ci mêle ce que je.vois à ce que je sens; quand je déclare que « je vois un chien », une formule simpliste attribue à mes yeux un pouvoir d'interpréter qui requiert intelligence et mémoire, à plus forte raison quand je prétends « voir Pierre ». Lorsque « je vois Laurence Olivier dans le roi Lear », la formule est encore plus simpliste parce que le cas est moins simple.

Les mêmes perceptions associent alors deux jugements d'existence, celui qui affirme l'existence de M. Laurence Olivier dans mon admiration pour l'intelligence de son art, celui qui affirme l'existence du roi Lear dans l'émotion avec laquelle je suis ses tribulations. « Je vois Laurence Olivier », malgré son habit et son maquillage, exactement comme « je vois Pierre » : ma perception unit ce que je sens à ce que je sais. Quand, au même moment, « je vois le roi Lear », ma perception unit ce que je sens à ce que je veux. Ici et là, la perception est interprétation, dans le premier cas, à partir de ce que l'affiche m'avait appris, dans le second, à partir de ce que j'ai implicitement décrété.

En franchissant la porte du théâtre, j'ai accepté jusqu'au bout, c'est-à-dire jusqu'à l'existence, la convention par laquelle l'acteur sort de sa vie propre pour entrer dans un personnage et dans le monde où ce personnage est une personne. Toute existence implique « croire »; quand elle est suspendue à une convention, elle implique « croire comme si... ».

Cette « croyance comme si... » n'est en aucune façon une croyance atténuée. En un certain sens, Violaine et Pierre de Craon existent plus, pour moi, que bien des vivants, mais ce sens n'est pas celui que j'accorde à l'existence des vivants. Une inconnue qui passe dans la rue laisse tomber son sac, je me précipite... Quand le paysan jette à « la sans-figure » un morceau de pain gelé, je reste assis dans mon fauteuil : « la forme noire de la Lépreuse... se baisse et le ramasse (1) ». « Comme si... » souligne une différence de plan qui ne saurait être assimilée à une différence de degré.

Qu'est-ce qui, d'ailleurs, peut diminuer le coefficient d'existence? Le doute. Or, le doute agit au niveau du savoir que précisément il met en doute : une fois le jugement détaché du savoir et procédant directement du vouloir, aucun point d'interrogation ne menace plus l'existence. Descartes se demande si le monde extérieur existe parce que le sens commun présente cette existence comme un savoir; le sceptique se demande si Dieu existe parce qu'il voudrait savoir si Dieu existe ou savoir s'il n'existe pas. Je ne me demande pas si Violaine existe ou n'existe pas, puisque j'ai décidé qu'elle existait. « Comme si... » marque non un jugement affaibli par le doute mais un jugement affranchi du doute par une radicale dissociation entre croire et savoir.

Cette « croyance comme si... », née d'une convention volontairement acceptée, introduit une référence au réel qui n'est nullement liée à une esthétique réaliste et qui n'a même aucune signification esthétique.

Le théâtre vit de conventions. Sur la scène, tout est illusion, le temps, l'espace, la lumière, et les gens eux-mêmes reçoivent un nouvel être de leur déguisement : ici, c'est l'habit qui fait le moine.

Un parti pris de réalisme intégral serait donc anti-théâtral. Ce qui peut être envisagé ou discuté, c'est un réalisme relatif : une fois admis que la scène représente un univers « truqué », dans quelle mesure est-il souhaitable de réduire la part des conventions et de faire oublier celles qu'on peut éviter? Les uns diront : si

_____

(1) *L'Annonce faite à Marie*, Acte III, scène I, p. 125.

le mur ne peut être un vrai mur, que la porte soit du moins une vraie porte, en vrai bois, avec une vraie serrure. Et les autres : si le mur n'est pas un vrai mur, pourquoi un mur en toile, pourquoi pas de simples rideaux?

Les discussions proprement esthétiques sur le réalisme ou autour du réalisme mettent en cause la vraisemblance. Dans quelle mesure le monde de la scène peut-il et doit-il ressembler au monde réel? Condamné par son essence à vivre de conventions, va-t-il en vivre honteusement et racheter ce péché originel par la loi du trompe-l'œil? L'être que j'accorde au père de Violaine est indépendant du fait qu'il coupera un vrai pain avec un vrai couteau ou qu'il distribuera un pain en carton ou qu'il se contentera de gestes significatifs. Il ne s'agit plus ici de vraisemblance mais de crédibilité et entre ces deux mots surgit tout ce qui situe l'existence au delà des apparences.

Que ce qui apparaît ait ou n'ait pas l'apparence du vrai, cela reste indépendant du jugement que nous portons spontanément sur l'existence du monde où se déroulent les événements.

Cette cuisine cherche à évoquer sur la scène un tableau de Breughel et non à imiter une vraie cuisine campagnarde (1); aucune trace de couleur locale et nul souci de vérité historique dans les costumes, puisque la tragédie nous entraîne dans « un Moyen Age de convention (2) »; les acteurs ne s'appliquent pas à disloquer le verset claudélien pour rendre le dialogue plus « naturel ». Voici donc une représentation de *L'Annonce faite à Marie* où tout est poésie. Que signifierait, d'ailleurs, un souci réaliste de vraisemblance dans le décor, les vêtements et le jeu, puisque les personnages pensent, sentent et agissent au delà de cette mesure à laquelle,

(1) *L'Annonce faite à Marie*, Acte I, scène I.
(2) *Ibidem*, Prologue : « ...Un Moyen Age de convention, tel que les poètes du Moyen Age pouvaient se figurer l'Antiquité. »

pratiquement, se reconnaît la vraisemblance? Violaine, Pierre de Craon, Anne Vercors, Mara, Jacques Hury..., le format de ces personnages n'est certes pas d'un modèle courant; on ne nous demande nullement de croire qu'ils ont existé ni même qu'ils pourraient exister. Et cependant, notre regard, celui de l'esprit comme celui des yeux, les gratifie de l'existence. Nous suivons leurs gestes, leurs paroles, leurs actes avec cette attention qui n'est pas seulement curiosité mais tension vers le réel.

Rien n'est ici semblable au vrai et pourtant le sens du réel n'est pas aboli. Ces personnages, je les regarde, je les écoute, je guette leur âme, intérieurement disposé à leur égard comme s'ils existaient.

Tel est le jugement d'existence qui peut subsister au théâtre même sous le règne des esthétiques les moins réalistes. Voici un acteur sur une scène vide : il boit une eau qui n'existe pas, en portant à sa bouche un verre qui n'existe pas, pris sur un meuble qui n'existe pas. Un parti pris esthétique a supprimé les objets mais nullement la croyance en leur existence : car le spectateur doit croire que l'acteur prend un verre sur un meuble et boit l'eau de ce verre. En supposant que le monde est un rêve, le doute cartésien conserve la chose perçue et suspend le jugement d'existence : le metteur en scène anti-naturaliste, au contraire, se passe de la chose perçue et conserve le jugement d'existence. Le pouvoir de signaler l'existence est simplement transféré des objets au geste : inutile de percevoir ceux-là si celui-ci est un signal suffisamment représentatif de leur existence (1).

_____

(1) C'est même pourquoi il ne faut pas exagérer la portée du procédé, car ce n'est rien de plus qu'un procédé. Il n'y a là ni symbolisme, comme dans le cas où un signe sensible évoque une chose non sensible, ni passage du réel à l'irréel, mais une espèce de simplification demandant le moins possible aux perceptions et le reste à l'imagination.

II. — DE L'IRRÉEL.

Ainsi le point de vue ontologique de la réalité n'est pas nécessairement rejeté avec le point de vue esthétique du réalisme. Il y a des œuvres où toutes les formes sont affranchies de la vraisemblance sans compromettre la crédibilité qui affirme l'existence.

Le théâtre peut aller encore plus loin et couper cette dernière attache avec le réel.

Quand Jupiter rend visite à la vertueuse Alcmène sous les traits d'Amphitryon, avec la complicité de Mercure et le « secours » de la Nuit, les personnages n'ont en aucune façon la prétention de se faire passer pour réels, pas plus que le nuage qui sert de char au maître des dieux n'aura celle de ressembler à un vrai nuage.

Quand la jalousie est celle du Barbouillé, la cocasserie des aventures exclut toute référence à l'existence en même temps que tout souci de vraisemblance. Pour être « dix fois docteur », le mieux est de n'être point du tout.

Dans la féerie et dans la farce, ce qui se passe sur la scène nous est représenté comme irréel.

Le spectateur croit à l'existence de l'acteur. Il ne croit plus à celle du personnage que représente l'acteur. Il croit à l'existence de M. Louis Jouvet. Il « croit comme si » Don Juan existait. Il croit que le Barbouillé n'existe pas et, quand M. Jouvet animait ce pantin au Vieux Colombier, personne ne songeait à des scènes de la vie réelle!

Il entre alors en jeu une nouvelle manière de penser ce qui arrive.

Ce qui arrive sur la scène n'arrive pas réellement, telle est la loi de tout théâtre, son mensonge vital, si l'on veut, quoiqu'un mensonge avoué n'en soit plus tout à fait un. Mais il y a une manière de penser ce qui arrive sur la scène comme si cela arrivait réellement et l'on pourrait se demander si cette croyance ne serait point la condition de tout théâtre : que reste-t-il, en effet, si, après l'existence réelle dont leur nature les prive, nous n'accordons pas aux personnages le bénéfice du « comme si »? La question ne conduit-elle pas, tout simplement, au bord du néant? Le théâtre a depuis longtemps répondu, illustrant à sa manière la distinction que les philosophes reconnaissent entre *être* et *exister* : il est encore permis de parler d'être hors de l'existence réelle et même de l'existence prêtée par la bonne volonté du spectateur; tel est Jupiter incarné sous les traits d'Amphitryon, tel est le Barbouillé en proie à sa jalousie.

On ne peut dire que Jupiter *n'est pas :* il jouit d'un être très précis puisque je le distingue d'Amphitryon même quand toutes les apparences sont celles d'Amphitryon : il *est* mais *n'existe pas.* Le Barbouillé n'est pas Othello : il est donc, puisque je sais reconnaître ce qu'il n'est pas : il n'existe pourtant d'aucune façon, pas même à la façon d'Othello dont la jalousie doit ses reflets tragiques à la lumière qui éclaire ce monde. Ainsi l'expression « être irréel » n'est pas contradictoire et cet être que son irréalité ne détruit pas suffit pour peupler la scène.

Féerie et farce doivent leur magie à la présence d'êtres sans existence. L'un d'eux saura le dire avec la simplicité miraculeuse des poètes : « Nous sommes faits de l'étoffe dont se tissent les rêves (1). »

Le plus sûr moyen d'échapper au réalisme est évidemment de supprimer la réalité. De là une tentation de voir dans l'irréel la formule extrême de l'anti-réalisme

_____

(1) *La Tempête*, Acte IV, scène I, vers 156-157 :
   We are such stuff,
   As dreams are made on....

et, par suite, dans la mesure où le réalisme pèche contre l'essence du théâtre, féerie et farce, qui vivent de l'irréel, apparaîtront comme ce qu'il y a de plus essentiellement théâtral dans le théâtre.

Ces déductions mêlent ce qui doit rester séparé. Discuter sur la vraisemblance de l'action et de la représentation, recommander une similitude photographique ou une vérité stylisée, c'est là un débat esthétique au cours duquel auteurs et metteurs en scène opposent les multiples idées qu'ils peuvent se faire de leur art. Invoquer ou écarter la crédibilité, choisir une action supposée réelle ou une action irréelle, c'est là une option qui reste extérieure à toute discussion sur l'art et qui relève de la seule inspiration.

Un jour, Jean Giraudoux écrit *Siegfried* : les personnages sont pourvus d'un corps comme le nôtre, ils évoluent parmi des choses régies par les lois de la physique, leurs esprits jouissent d'une sensibilité exquise et d'une intelligence aiguisée, mais qui ne les jettent pas hors de notre monde : l'extraordinaire perte de mémoire qui est le principe du drame est un cas pathologique, non un fait merveilleux. Un autre jour, il suit une ondine que la pluie ne mouille pas et qui cire les chaussures sans cirage, il la suit jusque dans une cabane qui devient brusquement transparente et le poète lui prête une âme qu'elle oubliera quand « il lui faudra, sans mémoire, redescendre au fond des eaux ». *Siegfried* n'est pas plus réaliste qu'*Ondine :* changement d'univers, non de style.

Il y a un théâtre de la réalité comme il y a des « peintres de la réalité ». Ceux-ci ne sont pas nécessairement des « réalistes »; Georges de La Tour fut même retrouvé à une exposition qui leur fut consacrée. Ainsi, un théâtre non réaliste de la réalité n'a rien de contradictoire. C'est pourquoi il ne convient pas de céder trop vite à la tentation de penser qu'une simple référence à la réalité est une concession au réalisme.

Édouard Detaille est un peintre réaliste même quand il appelle sa toile « Le Rêve passe ». Georges de La Tour est un peintre non réaliste de la réalité lorsqu'il peint « la Madeleine » méditant. Fra Angelico est un peintre de l'irréel, parmi ses anges aux longues ailes multicolores, êtres de lumière qui ignorent la faim et la soif comme la tyrannie de la pesanteur.

Les mêmes distinctions s'imposent si l'on veut respecter la conception large et souple du théâtre qu'exige son histoire.

Dans ces conditions, puisque le point de vue existentiel de la réalité ne se confond pas avec le point de vue esthétique du réalisme, la disparition de ce point de vue existentiel ne sera, pas plus que sa présence, l'effet d'un parti pris esthétique.

L'âne qui joue de la vielle au clocher sud de la cathédrale de Chartres et les figures grotesques de sa console ne sont pas « moins réalistes » que les statues du portail royal figurant les ancêtres et précurseurs du Messie. Quoique fantastique, un enfer ou une tentation de saint Antoine de Jérôme Bosch semble, par ses détails, « plus réaliste » que les quais de Delft vus par Vermeer, au regard si « pur, dépouillé, stérilisé, rincé de toute matière » que Paul Claudel parle de « candeur photographique (1) ». Par rapport aux Caprices, les cauchemars de Goya ne signifient aucun pas en avant sur la ligne qui s'écarte du réalisme : ils ne sont pas sur la même ligne. De même, il y a un théâtre qui exige, pour toucher le spectateur, que celui-ci plonge dans l'existence les personnages et leurs aventures, celles-ci se dérouleraient-elles devant des rideaux bleus et avec la seule imagerie de quelques accessoires symboliques comme dans la représentation que Georges Pitoëff donnait jadis de *Brand*. Un autre théâtre suspend, au

---

(1) « Mais quelle photographie! » ajoute-t-il aussitôt; *Introduction à la peinture hollandaise*, Gallimard, 1935, p. 44.

contraire, la volonté de croire et ce serait aller contre l'intention de l'œuvre qu'accorder l'existence à des créatures imaginées pour la survoler, ce qui n'empêcherait nullement une mise en scène de style naturaliste comme dans les farces paysannes.

Il n'y a, par suite, aucune raison de voir dans la féerie et la farce le théâtre le plus pur. Le théâtre est action, et action destinée à devenir présente par la grâce de la représentation, non à se dérouler dans un texte qui la raconte, ni même à travers un dialogue écrit. Après celle du théâtre qui préfère la bibliothèque à la scène, l'hérésie la plus directement contraire à son essence tient à une espèce de honte devant les conventions qui assurent la présence et elle s'exprime dans son effort pour faire oublier qu'il est théâtre. Jusqu'ici, aucun désaccord avec ceux qui sont tentés d'établir une échelle des formes dramatiques en mettant au sommet la représentation de l'irréel. Mais, pour les suivre jusqu'au bout, il faudrait que « croire comme si... » soit une manière de dissimuler les conventions vitales du théâtre : c'est, au contraire, une convention et la plus chère ambition du réalisme serait justement de la réduire, d'abolir le « comme si », d'amener le spectateur à croire le personnage aussi réel que l'étoffe de ses vêtements et le bois des meubles.

Il y a convention quand j'assiste aux malheurs d'Antigone en admettant qu'elle existe, comme il y en a lorsque j'assiste aux aventures de Jupiter-Amphitryon en admettant qu'il n'existe pas. Ce qui existe, ici et là, c'est l'acteur et la convention intervient, ici et là, pour tourner cette existence. Mais ce ne sera pas la même convention : malgré la présence de l'acteur, je veux bien admettre, dans le premier cas, que le personnage existe et, dans le second, qu'il n'existe pas.

Que la féerie et la farce représentent un théâtre mieux préservé, par sa nature même, de la tentation réaliste, cela ne veut pas dire qu'une exigence réaliste reste inscrite dans la nature même de ce qui n'est pas la féerie et la farce : les remarques précédentes ne signifient rien de plus. Elles laissent intactes les vertus dramatiques de l'irréel mais préviennent la confusion qui, par une espèce de choc en retour, atteindrait tout drame se jouant dans le réel.

Racontant l'histoire du Théâtre libre, Lugné-Poe pouvait écrire : « Antoine avait avec *Les Revenants* introduit le loup dans la bergerie du naturalisme (1). » Or, cette pièce d'Ibsen n'est pas précisément une féerie ni une farce : pourtant, la croyance à l'existence d'Oswald et de Mme Alving ne paraissait nullement incompatible avec un « symbolisme (2) » ouvrant la voie où passerait *Peer Gynt*. Si une réaction est jugée nécessaire contre le néo-naturalisme contemporain, l'exemple de M. Laurence Olivier dans *Le Roi Lear* lui donne autant de force que celui de M. Jean-Louis Barrault dans *Amphitryon* et le succès du *Maître de Santiago* a la valeur d'une manifestation anti-réaliste aussi bien que la reprise de *Huon de Bordeaux*, le conte merveilleux de M. Alexandre Arnoux.

Où est alors le vrai privilège du théâtre qui anime un monde irréel? Car il n'est pas question de nier un charme si unique et si pur qu'aucune parole n'en permet l'analyse.

Féerie et farce affirment la souveraine liberté de l'artiste, voilà leur vocation.

Tous les arts, ceux du théâtre comme les autres, ont leurs règles dans la mesure où ils sont des techniques, et ils sont des techniques en tant qu'ils ont une matière

(1) LUGNÉ-POE, *La Parade*, I, *Le Sot du tremplin, Souvenirs et impressions de théâtre*, Gallimard, 1930, p. 191; cf. p. 195.

(2) Le mot est de Lugné-Poe, *ibidem*, p. 191. Rendant compte du *Canard sauvage*, Jacques Copeau disait : « Réalisme qui fait rêver. » (*Les Nouvelles littéraires*, 12 mai 1934.)

à informer. C'est ici que se vérifie le mot d'André Gide :
« L'art est toujours le résultat d'une contrainte (1). »
Mais l'artiste est libre si l'artisan ne l'est pas, libre de
la liberté qui le fait *poète*.

Quand les philosophes parlent de liberté, peut-être
mêlent-ils deux idées, au moins.

La plupart pensent l'acte libre avec une référence
explicite à la vie morale : il s'agit avant tout de la
maîtrise de soi, qu'elle s'affirme dans la victoire sur les
passions ou sous les coups des « choses qui ne dépendent
pas de nous », comme disaient les stoïciens. Tel est
Auguste qui triomphe de son ressentiment. Tel est Wallenstein à la veille de sa mort; les circonstances se pré-
cipitent vers un dénouement : « Qu'elles suivent leur
cours (2)! », « le cours des astres » qui dessine dans le
ciel le destin des hommes et dont l'attente sereine transforme le héros en sage. Telle serait Phèdre si elle n'était
esclave de son amour. Tels ne sont pas les misérables
que dans *La Puissance des ténèbres* Tolstoï montre
envoûtés par leurs malheurs. La liberté est donc libération et la raison joue le rôle de puissance libératrice.

L'originalité de Bergson est d'avoir, dès son premier
livre, pensé l'acte libre avec une référence intérieure
à la création esthétique. « Nous sommes libres quand
nos actes émanent de notre personnalité entière, quand
ils l'expriment, quand ils ont avec elle cette indéfinis-
sable ressemblance qu'on trouve parfois entre l'œuvre
et l'artiste (3). » Nul besoin de chercher la signature
pour identifier l'acte ou le tableau, pour établir son
identité et une identité : « c'est tout lui! » comme :
« c'est un Gauguin ». La raison n'est certes pas exclue

---

(1) André GIDE, *L'Évolution du théâtre*, 1904, dans *Nouveau
prétextes*, Mercure de France, 3ᵉ éd., 1925, p. 13. Cf. *Prétextes*,
p. 141 : « L'œuvre d'art ne s'obtient que par contrainte. »

(2) SCHILLER, *La Mort de Wallenstein*, Acte V, scène V, trad.
PEYRAUBE, Collection bilingue, Aubier, 1934, p. 145.

(3) *Les Données immédiates de la conscience*, Alcan, 1888, p. 132.

mais son intervention n'est pas essentielle. Si la passion imprègne l'âme dans sa totalité, celle-ci cesse d'être
une fatalité : si la misanthropie d'Alceste est consubstan-
tielle à sa personnalité au point qu'il ne serait plus
Alceste sans elle, ses indignations les moins raison-
nables sont des actes libres puisqu'elles jaillissent de son
moi le plus profond (1), comme d'un amour naît *Tristan*
ou même « ce temple délicat » qui est « l'image mathématique d'une fille de Corinthe (2) ». La liberté est
donc invention.

Plus exactement, la liberté est invention parce que
l'invention est liberté. Il y aura invention d'œuvres
bonnes comme d'œuvres belles et les premières signifient, comme les secondes, une liberté puisqu'une personnalité s'épanouit en elles et que la liberté consiste
dans cet épanouissement. Quand Bergson montre cet
acte libre se détachant du moi « à la manière d'un
fruit trop mûr (3) », cette image, d'ailleurs dangereuse,
souligne bien ce qui le distingue de la décision libératrice. Celle-ci suppose un obstacle dont elle libère et
le sentiment d'être libre se confond alors facilement
avec celui d'un effort récompensé : inventer, au contraire,
n'est-ce pas se mouvoir dans un monde où il n'y a
plus de résistance puisqu'il s'agit de faire apparaître
une idée là où il n'y avait rien, et le sentiment d'être
libre ne se confond-il pas maintenant avec l'impression
délicieuse d'avancer sur une route sans obstacles et
sans fin?

Mais c'est la liberté de Dieu et l'artiste ne crée pas
ex nihilo! Ici, en effet, apparaît l'ambiguïté de la création artistique qui est à la fois invention et incarnation, « à la fois » la posant au delà du dualisme naïf
qui sépare la forme et la matière, la conception et
l'exécution, le possible et le réel. Il est clair que la

(1) *Ibidem*, p. 128.
(2) Paul VALÉRY, *Eupalinos*, N. R. F., 1924, p. 104.
(3) *Les Données immédiates...*, p. 135.

matière est présente à l'esprit de l'artiste bien avant
que la main ne saisisse l'outil : si légère que soit l'esquisse, l'œuvre future est déjà une toile recouverte de
couleurs en un certain ordre assemblées et des
ombres sonores préfigurent la mélodie. Il est non
moins clair que l'artiste tire de la matière la beauté
qui nous étonne parce que, face à l'œuvre future, cette
matière ne l'intimidait pas. La matière chante pour ceux
qui n'écoutent pas son chantage. Voilà pourquoi les
clochers montent si haut et les murs s'ouvrent si lar-
gement aux vitraux.

L'imagination de l'artiste ne délire pas en marge du
réel : elle suppose simplement que le réel peut indéfiniment être modelé; elle est donc créatrice parce qu'elle
sent toujours en elle du mouvement pour aller plus
loin et sa liberté est définie par ce mouvement même.
Mais pour comprendre cette liberté, sans doute faut-
il renoncer à l'illusion rétrospective qui nous montre
la statue préexistant dans le marbre avant l'intervention du sculpteur. Le morceau de marbre n'est qu'un
morceau de marbre : aucun artifice de langage ne saurait y loger ce que jamais personne n'aurait vu en
lui si Michel-Ange ne l'y avait mis. En créant son
œuvre l'artiste crée les possibilités de la matière dans
laquelle il donne forme à cette œuvre : la liberté propre
à l'inspiration est dans l'affirmation gratuite, et sans
cesse soumise à l'épreuve, que le pouvoir d'en créer
de nouvelles n'est jamais épuisé.

Lorsque André Gide, parlant du théâtre, illustre la
bienfaisante nécessité de la contrainte, ses exemples
n'ont pas tous la même valeur. « Le grand artiste est
celui qu'exalte la gêne, à qui l'obstacle sert de tremplin. C'est au défaut même du marbre que Michel-
Ange dut, raconte-t-on, d'inventer le geste ramassé du
Moïse. C'est par le nombre restreint des voix dont pouvoir à la fois disposer sur la scène que, contraint,
Eschyle dut d'inventer le silence de Prométhée lorsqu'on

l'enchaîne au Caucase (1). » Que prouvent ces faits?
L'artiste tourne une résistance que l'artisan ne peut
briser. Heureux défaut de la matière qui nous vaut
une ruse géniale! Mais lorsque André Gide ajoute les
trois unités, c'est une autre histoire (2).

Il ne s'agit plus d'une gêne accidentelle mais d'un
principe; d'une résistance de la matière, mais d'une vue
de l'esprit; d'une contrainte rencontrée par l'artisan,
mais d'une limite imposée à l'artiste. Cette fois, c'est
la liberté de l'inspiration qui est en cause.

Interdiction d'inventer un drame qui se déroule au
delà de vingt-quatre heures, ou qui se passe en divers
lieux, ou qui a l'air d'enchevêtrer plusieurs actions :
la matière théâtrale n'est pour rien dans ces contraintes;
elle n'a jamais résisté à ceux qui les ignoraient. Ces
impératifs ont leur origine dans la raison raisonnant sur
la chose dramatique et cherchant tout naturellement
sous quelle forme elle lui paraîtrait le plus raisonnable.

Les trois unités imposent leurs exigences à l'imagination elle-même afin d'orienter son activité créatrice :
elles constituent en quelque sorte une éthique de l'invention dramatique et une discipline de l'inspiration.

Reste à savoir si la liberté essentielle à l'acte créateur n'exclut pas justement toute réglementation de l'invention ou de l'inspiration. Au nom de l'Écriture trop

(1) *Art. cit. Nouveaux prétextes*, p. 14.
(2) *Ibidem*, p. 12 et 13. Sur l'origine des unités de temps et de
lieu, voir René BRAY, *La Formation de la doctrine classique en
France*, p. 253 *sq.* (bibliographie). Rappelons seulement qu'Aristote ne s'intéresse qu'à l'unité d'action, *Poétique*, 1451 *a*, 16 *sq.*;
l'unité de temps est indiquée à 1449 *b* 10-15; sans doute serait-il
plus juste de dire « simplicité d'action », comme le propose
M. J. Segond, *Signification de la tragédie*, p. 42-44.
    Le caractère formel de ces questions apparaît mieux, par
contraste, quand on considère les problèmes concrets que posent
le temps, l'espace et la structure dynamique de l'action aux
hommes de théâtre. Voir Paul ARNOLD, *L'Avenir du théâtre*,
Paris, Savel, 1947, 1ʳᵉ partie, Le drame, 2ᵉ partie, ch. II, Ubiquité;
André Villiers, *Psychologie de l'art dramatique*, ch. V, VI et VII.

littéralement divinisée, on n'a pas empêché d'inventer l'hypothèse que la terre tourne. Au nom d'une science trop strictement humanisée, Auguste Comte n'a pas arrêté la curiosité en quête de l'infiniment petit et de l'infiniment grand. Au nom d'un marxisme plus ou moins bien compris, des décrets ne maintiendraient pas plus la peinture et la musique dans les limites d'une inspiration civique que ceux d'un rigorisme intransigeant ne stériliseraient les Aristophane ou les Rabelais, s'il s'en trouvait. Les atteintes portées à la liberté de l'inventeur ne semblent, en aucun domaine, avoir joué le rôle de contraintes bienfaisantes. Qu'elles viennent d'un parti pris esthétique et non de la religion, de la philosophie, de la politique ou de la morale, elles visent ce qui jaillit au-dessus d'elles.

En fait, on ne voit guère ce que le théâtre doit aux trois unités, surtout à une époque où Rodrigue n'a pas la ressource de rejoindre son armée en avion ni le Roi la possibilité d'apprendre sa victoire par téléphone. La bousculade du *Cid* fait regretter que Corneille n'ait pas plutôt bousculé les règles. Et les tragédies de Racine fournissent la contre-épreuve : ici, les unités répondent à une exigence de l'action et non d'un règlement; le poète ne doit rien à des contraintes qui n'en furent jamais pour lui.

La totale liberté de l'invention, voilà ce que la féerie et la farce affirment, par la seule présence de l'irréel.

Elles l'affirment d'abord et surtout en face de cette matière qui, dans l'œuvre future sous l'œil du poète, perd sa suffisance et offre une résistance de plus en plus relative à la matérialisation de l'idée.

La matière du théâtre est aussi diverse que les arts qui concourent à la matérialisation du drame. C'est le langage dans lequel est taillé le texte, mais aussi les couleurs du décor, les masses architecturées de la scène, les lumières et les ombres, les costumes et le maquillage, la substance musicale. C'est encore, et cette matière là est propre au théâtre, le corps de l'acteur avec la mobilité de ses images et de sa voix.

Le dramaturge n'a certes pas besoin de composer des féeries ou des farces pour savoir quelles libertés lui assurent les conventions dont vit son art. Dans la mesure où il n'est pas esclave du réalisme, le théâtre de la réalité montre assez ce qu'est une réalité de théâtre : le théâtre de l'irréel ira jusqu'à prendre des libertés même avec la réalité de théâtre.

Il ne suffit plus que cette toile peinte signifie un palais qu'elle n'est pas mais qui existera pour moi. Il ne suffit plus que cet homme joue une vie qui n'est pas la sienne mais qui existe pour les spectateurs. La toile peinte qui existe comme toile peinte signifie maintenant un palais qui n'existe pas pour moi; cet homme qui existe comme homme joue une vie qui n'existe pas pour les spectateurs.

Quand le poète de *L'Oiseau bleu* commande une « robe couleur de lune », c'est pour la Lumière se promenant au pays des fées. La flûte enchantée ouvre le chemin de la vérité dans un monde que la musique de Mozart allège de sa réalité. En descendant parmi les hommes, Ariel, esprit aérien, *an airy spirit*, n'acquiert pas la consistance du corps qui lui est prêté. Peu importe que le roi et l'astrologue de *L'Étoile* chantent par la voix d'interprètes qui leur insufflent la joie de vivre avec la vie : ils chantent des assurances burlesques que l'humour de Chabrier et notre rire préservent de tout risque d'existence. Et voici avec Paul Claudel la lune qui parle, « Reine des songes », et un ours qui lui répond (1).

Toute licence, même contre le réel. L'art dramatique pourrait oublier cette liberté de l'art, comme si elle trouvait des limites dans le drame qui impose la pré-

(1) *L'Ours et la Lune*, Éditions de la N. R. F., 1919.

sence réelle des acteurs et des choses sur la scène. Féerie
et farce sont là pour rappeler au poète qu'il a pleins
pouvoirs.

III. — LA MARIONNETTE.

Avec la catégorie de l'irréel la marionnette apparaît,
posant un problème dont les termes seront clairement
perçus à travers la solution que lui donne Edward Gordon
Craig.

« Supprimez l'arbre authentique que vous aviez mis
sur la scène, supprimez le ton naturel, le geste naturel
et vous en viendrez à supprimer l'acteur également.
C'est ce qui arrivera un jour... Supprimez l'acteur et
vous enlèverez à un grossier réalisme les moyens de
fleurir à la scène. Il n'y aura plus de personnage vivant
pour confondre en notre esprit l'art et la réalité; plus
de personnage vivant où les faiblesses et les frissons de
la chair soient visibles (1)... » Suit une admirable apologie historique et philosophique de la marionnette,
«descendante des antiques idoles de pierre des temples...
image dégénérée d'un Dieu (2) ».

Ainsi, la marionnette signifierait la suppression de
l'acteur. Par là, elle serait l'aboutissement logique de
toute réaction contre le réalisme. De ce fait, enfin,
elle représenterait le théâtre le plus fidèle à son essence
et, du même coup, le salut du théâtre serait dans cette
forme épurée qui le réduit à son essence.

La marionnette ne supprime pas l'acteur : de qui
tiendrait-elle la parole et le mouvement? Elle exclut

(1) *De l'art du théâtre*, p. 81-82.
(2) *Ibidem*, p. 82. Sur l'art des marionnettes, voir Gaston BATY,
Les Marionnettes, Encyclopédie française, t. XVII, 1935; et la
série d'articles publiés dans *Beaux-arts*, la page de la marionnette,
mars-juin 1940; André-Charles GERVAIS, *Marionnettes et marion-
nettistes de France*, Paris, Bordas, 1947 (importante bibliographie).

de la scène le corps de l'acteur mais non la voix qui
sort de ce corps ni l'activité dont il est la source.

Le manipulateur agit par marionnette interposée,
mais c'est lui qui agit et non la marionnette : il mérite
donc le nom d'acteur. Et il le mérite pleinement. Son
rôle n'est nullement comparable à celui du manipulateur qui fait marcher la lanterne magique, mécani-
cien silencieux et en dehors du jeu. Que sa main tire
les ficelles ou serve de corps à la poupée, elle est une
main intelligente qui donne la vie par cette intelligence
en même temps que le mouvement. Que sa voix parle
au-dessus ou au-dessous des comédiens de bois et de
leur comédie, elle est une voix humaine qui donne une
âme par cette humanité en même tant que l'animation.
C'est dire qu'une présence est intérieure à l'action et que
l'action fait rayonner une présence; c'est dire que le
théâtre de marionnettes exige, lui aussi, la présence
active de l'acteur.

M. Gaston Baty a pratiqué et pensé la marionnette
en même temps que le théâtre; son témoignage est
important : or, il reconnaît cette présence de l'acteur
au théâtre de marionnettes. De là sa préférence pour
la marionnette à main. La marionnette à fils est plus
loin du manipulateur qui la meut de l'extérieur; avec
ses jambes et ses pieds posés sur un sol, elle semble
jouir d'une certaine autonomie, l'autonomie de l'auto-
mate; nous admirons en elle la poupée merveilleuse,
d'autant plus merveilleuse que nous la regardons comme
une poupée. La marionnette à main prolonge directement
le corps de l'acteur ou mieux elle ne fait qu'un avec
lui, unité parfois difficile à réaliser, car il y a une curieuse
résistance de la poupée à la volonté qui, avec le mouvement, lui communique une présence à communiquer,
petits duels passionnants pour l'acteur et pour le metteur en scène qui justement ont pour tâche d'assurer
cette présence dans la représentation.

Sans cette présence de l'acteur, le théâtre de marion-

nettes serait-il encore du théâtre? Car là est la vérité
fondamentale à retenir dans les pages d'Edward Gordon
Craig : même si le rôle qu'il lui attribue dans l'histoire
et la philosophie du théâtre est contestable, la place
de la marionnette est bien à l'intérieur de ce que nous
appelons avec lui « l'art du théâtre ». Les poupées à
main ou à fils ne constituent pas un art du spectacle
à côté de l'art du théâtre, comme le cirque, par exemple :
on ne montre pas des marionnettes comme on montre
des animaux savants ou exotiques. Mais il faut aller
jusqu'au fondement de cette vérité : c'est que le mon-
treur est acteur.

Point de théâtre là où il n'y aurait qu'un texte parlant comme un livre et sans appel à la représentation.
Or, représenter, c'est rendre présent par des présences,
de sorte que le fait proprement théâtral est lié à la
présence de l'acteur. Supprimer la présence en conservant l'acteur, ce sera un autre art que le théâtre, le
cinéma. Conserver la présence en supprimant l'acteur,
voilà, semble-t-il, ce que souhaiterait Gordon Craig :
mais c'est impossible.

Tout ce que peut la marionnette, c'est faire oublier
que cette présence est celle d'un acteur.

En quel sens?

La présence de l'acteur déclenche deux jugements
d'existence, l'un sur sa personne, l'autre sur son personnage. Je crois à l'existence de Mlle Marguerite
Jamois. Je crois comme si Phèdre existait. C'est pourquoi je m'intéresse en même temps aux aventures du
personnage et à celles de l'acteur revivant le personnage. Je peux trouver un personnage mal conçu mais
sauvé par le talent de l'acteur et, inversement, estimer
l'acteur au-dessous du personnage. Une vigilance continue et savoureuse tient l'esprit critique en état de
double attention, commandée par la double signification
du jeu : l'acteur joue sa réputation en même temps
qu'un rôle.

« J'ai voulu voir *Hamlet*... je n'ai vu que Sarah Bernhardt (1). » La première croyance a englouti la seconde. André Gide en est fâché, ce qui aurait beaucoup étonné ses voisins, car ils étaient venus pour voir Sarah Bernhardt et non *Hamlet*. Tel est le risque de la présence de l'acteur sur la scène : la marionnette essaie de l'éviter.

Elle ne cherche pas à conserver la présence en supprimant l'acteur, ce qui est impossible, mais à supprimer la croyance en l'existence de l'acteur malgré sa présence.

Pour croire à l'existence, l'apôtre Thomas voulait toucher et pas seulement voir. Dans la vie quotidienne, nous sommes moins exigeants et nous cherchons plutôt à éviter le contact avec les passants dans la rue et nos voisins dans le métro. Aussi acceptons-nous très facilement de n'être au théâtre que spectateurs : nous croyons à l'existence des acteurs sur le témoignage de nos yeux et ce témoignage suffit puisque cette croyance est la même dans le cas des rôles muets.

Supprimons les données visuelles. Bien sûr, la croyance à l'existence subsiste! mais, semble-t-il, quelqu'un n'existe pas complètement pour moi tant que je ne mets pas un visage sous son nom. L'historien aime à retrouver sur la toile ou dans le marbre les traits de ses héros; quand aucun vestige ne subsiste, l'imagination supplée à la vérité : qui pense Jésus sans le voir? La voix même est insuffisante : celle qui m'arrive par la radio est bien le signe d'une existence et d'une personnalité, mais d'une personnalité invisible et, par suite, d'une existence lointaine dont je ne suis même pas sûr qu'elle soit contemporaine, car il se peut qu'à l'éloignement dans l'espace le disque ajoute l'éloignement dans le temps.

Que se passe-t-il devant le castellet? De saisissantes images visuelles déclenchent le jugement d'existence,

(1) *Prétextes*, Mercure de France, 10ᵉ éd, 1923, p. 130.

mais au profit d'une poupée de bois sculpté. Une harmonie préétablie accorde ses mouvements à des paroles. Que la voix signale une présence humaine, que mouvements et paroles soient rapportés à un acteur, c'est bien pourquoi la marionnette implique la présence de l'acteur et appartient encore à l'art du théâtre. Toutefois, de l'acteur il ne reste qu'une présence sans contours et presque impersonnelle, chaleur rayonnant d'une source cachée, lumière tombée d'une étoile anonyme. L'imagerie visuelle attache le spectateur au spectacle et, pour lui, Guignol existe plus que la main sans laquelle Guignol n'existerait pas.

Refouler la croyance à l'existence de l'acteur et, du même coup, l'intérêt qui s'attache à sa personne, tel semble être l'effet de la marionnette : il ne supprime pas la présence de l'acteur mais écarte son corps du spectacle, de sorte que l'imagerie visuelle, avec sa puissance de suggestion existentielle, ne double plus le personnage d'une silhouette et d'un visage incapables de faire oublier leur vie propre.

Si la marionnette se définit par rapport aux jugements d'existence qui accompagnent nos perceptions, les pages de Gordon Craig illustrent une nouvelle confusion entre le point de vue ontologique de la réalité et le point de vue esthétique du réalisme.

En écartant du champ visible le corps de l'acteur, la marionnette n'exclut nullement, par sa définition, le préjugé réaliste. On imagine sans peine une sculpture, des costumes et un jeu de style purement réalistes. Gordon Craig le sait si bien qu'il annonce le règne de la sur-marionnette hiératique et figurant « le corps en état d'extase (1) », à la fois contre l'acteur et la marionnette moderne qui imite l'acteur (2).

(1) *Ouvr. cit.*, p. 85.
(2) *Ibidem*, p. 58.

Ainsi la marionnette n'a point le privilège de déraciner la tentation réaliste et celle-ci pourrait bien être aussi forte dans le castellet que sur la scène.

Elle n'exclut pas davantage la référence au réel du « croire comme si... »;

Refouler la croyance à l'existence de l'acteur ne refoule pas, du même coup, celle qui vise l'existence du personnage et la réalité de ses aventures. Si M. Gaston Baty songe à mettre ses poupées au service d'Eschyle et de Sophocle, son intention ne peut être d'expulser le réel mais de le métamorphoser : l'histoire tragique a sa vérité dans un autre monde que celui de notre vie quotidienne; privée d'un corps et d'un visage trop humains, la marionnette sera d'autant plus proche de l'existence héroïque qu'elle sera plus éloignée de l'existence charnelle. Il s'agit de purifier la représentation de tout anthropomorphisme, au sens littéral du mot, non de transformer la tragédie en féerie.

Le théâtre des marionnettes n'est donc pas limité à la féerie et à la farce : il peut être théâtre de la réalité, mais à sa manière qui est celle des enluminures romanes, imposant d'autant plus la crédibilité que leurs couleurs les préservent de toute comparaison avec celles de notre univers.

Ceci admis, il est sûr qu'avec la présence visible de l'acteur et la croyance à son existence disparaît un sérieux obstacle à la représentation de l'irréel. Quelle femme aurait le corps d'une fée? Quel comédien, le masque stylisé de la farce? Tout change lorsque silhouettes et visages sont taillés sur mesure : le personnage coïncide avec son image.

La résistance du bois n'est rien devant celle des formes vivantes et des personnes spirituelles. L'imagination retrouve alors la liberté de l'imagier qui fait grimacer la pierre, du Gréco qui étire mystiquement les corps sur la toile. L'écart est bien réduit entre la vision du spectateur et celle du poète : ce dernier devient

vraiment le démiurge platonicien qui, créant tout,
sauf la matière, façonne un monde.

« L'acteur vivant, quel que soit son talent, nous gêne
toujours en mêlant au drame fictif qu'il incorpore un
élément intrus, quelque chose d'actuel et de quotidien,
il reste toujours un *déguisé*. La Marionnette au contraire
n'a de vie et de mouvement que celui qu'elle tire de
l'action... Ce n'est pas un acteur qui parle, c'est une
parole qui agit... La Marionnette est comme un fantôme.
Elle ne pose pas les pieds à terre. On ne la touche pas
et elle ne sait pas toucher (1)... »

On comprend que Paul Claudel ait écrit pour elle la
farce de *L'Ours et la Lune*.

On comprend que la légende du magicien Faust ait
si naturellement fait appel à sa magie.

Et il y a un bien curieux symbole dans le fait que
Platon, pour illustrer le non-être du monde sensible, ait
imaginé l'allégorie de la caverne en regardant un « guignol athénien (2) ».

De même que la féerie et la farce représentent des
genres distincts à côté des autres et non au-dessus ou
au-dessous, de même les marionnettes constituent un
art du théâtre trop différent de l'autre pour lui être
supérieur ou inférieur.

Il y a un théâtre avec la présence visible de l'acteur
et un théâtre avec la présence invisible de l'acteur. Le
second n'apparaît pas dans le prolongement du premier
comme le terme logique d'une évolution ou le sommet
d'un progrès. Ils sont parallèles.

Ce que marque clairement le fait qu'une formation
spéciale, une psychologie particulière et même une
autre éthique professionnelle apparaissent avec cet

(1) *L'Oiseau noir dans le Soleil levant*, Gallimard, 1929, p. 86-
87; Cf. p. 81-88.
(2) A. Diès, *Guignol à Athènes*, dans *Bulletin de l'Association
G. Budé*, janvier 1927; *Encore Guignol, ibidem*, avril 1927.

acteur « aux mains de lumière », qui demeure caché
même à l'heure des applaudissements. Il faudrait en
dire autant pour tous les artistes qui collaborent à la
représentation, depuis le metteur en scène jusqu'au
costumier. Plus on accusera l'originalité des techniques,
mieux on discernera celle des fins et moins on sera tenté
par des comparaisons trop vite muées en hiérarchies.

Moins on sera tenté aussi de penser trop vite : ceci
remplacera cela.

Écarter le corps visible de l'acteur supprime des
difficultés : c'est fort bien! Mais triompher de ces difficultés, ce n'est pas mal! Avec elles, en effet, se livre, sur
la scène, une lutte à laquelle correspondent, dans la
salle, un intérêt et un plaisir. L'incarnation du personnage dans un corps vivant, à travers la double résistance du corps au personnage et du personnage au
corps, l'animation du personnage dans l'âme d'une
personne, avec la double résistance du personnage à la
personne et de la personne au personnage, telle est la
forme théâtrale du « combat avec l'ange » qui fait de
l'art un courage (1).

L'attention au jeu de l'acteur tourne l'esprit vers ce
qu'il y a de plus essentiel et de plus mystérieux dans la
représentation : la métamorphose qui assure la présence.
Voir non pas ce que sera Sarah Bernhardt dans Hamlet
mais ce que sera Hamlet dans Sarah Bernhardt, une
telle disposition est commandée par la nature même du
théâtre. Qu'on ne parle pas de nuance subtile : il n'y a
vraiment ni nuance ni subtilité là où l'on constate la
plus grossière des oppositions : la superstition de la
vedette et la religion de l'œuvre expriment deux intentions exactement contraires. Un certain public demande
à M. Sacha Guitry d'être Sacha Guitry dans n'importe
quoi : nous attendons le Don Juan de Molière dans

_____

(1) « L'art est un courage », mot de Hugo, commenté par
Maurice Barrès qui le rapproche d'un texte de Balzac, _Le Mystère
en pleine lumière_, Plon, 1926, p. 114.

M. Louis Jouvet ou la Marianne de Musset dans Mlle Marguerite Jamois.

Qu'à certaines époques les marionnettes puissent offrir au théâtre de suggestives leçons, on a raison de le rappeler aujourd'hui avec insistance. Ainsi, l'exemple des Ballets russes a heureusement servi l'art du théâtre au début du siècle. Personne n'en tirait pourtant la conclusion que cet art devait se fondre dans celui du ballet. Les marionnettes ne portent jamais dans leurs merveilleuses possibilités que leur propre avenir. Quand celui du théâtre est menacé, c'est sur la scène et avec le comédien qu'il doit être sauvé.

CHAPITRE V

LE COMIQUE

I. — Condition du comique.

Lorsqu'on parle du comique, le mot « rire » se présente spontanément. Or, comme « drame » ou « dramatique », il recouvre une équivoque, peut-être moins visible. « Rire » désigne d'abord une certaine façon d'exprimer diverses émotions; il désigne ensuite ce qui produit une de ces émotions, de sorte que son sens se confond avec celui de « comique ».

Le rire est un ensemble de phénomènes expressifs. Le premier et le plus apparent est le jeu d'un mécanisme facial qui est d'ailleurs l'exagération d'une autre expression, le sourire. Il consiste en la contraction d'une quinzaine de muscles du visage, à laquelle peut se joindre l'effusion des larmes dans les rires intenses et prolongés. Une description précise ajoute un mécanisme respiratoire, auquel correspondent les images banales « crever de rire » ou « étouffer de rire », et un mécanisme phonétique qui produit des sons graves ou aigus. « Enfin, quand les mouvements du rire se généralisent, on observe des oscillations de la colonne vertébrale sur le bassin, des agitations désordonnées des bras et des jambes, des balancements, des trépignements, toute une activité diffuse dans les muscles qui dépendent de la volonté, et même des contractions spasmodiques des muscles qui gouvernent les réservoirs (1). »

Qu'est-ce que le rire exprime? Il y a un rire qui n'exprime rien : telles sont ces crises de rire spasmodique qui ont permis aux psychiâtres de localiser les centres réflexes du phénomène. Il y a un rire qui correspond à un plaisir d'origine purement physique, que ce soit une excitation périphérique comme le chatouillement ou une excitation comme celle du champagne « qui monte à la tête ». Il y a le rire de la bonne humeur, celui de l'enfance que les grandes personnes retrouvent quand, leur rôle joué, elles se sentent libérées de leur grandeur. Il y a le rire de la joie, explosif ou discret. Il y a aussi le rire qui prolonge la perception du comique. Tous ces rires sont physiologiquement les mêmes, mais psychologiquement ils semblent venir de sources différentes et le comique ne représente qu'une de ces sources.

Il n'y a, d'autre part, aucune relation psycho-physiologique proportionnant le rire au comique. Il y a des gens qui rient peu et d'autres qui, pour un rien, rient « à gorge déployée » : cela ne veut pas dire que les premiers sont moins sensibles que les seconds au comique : Georges Feydeau, dit-on, riait peu. Le rire est, d'ailleurs, relatif aux milieux sociaux : le bon ton modère l'expression des sentiments. Il y a même une espèce de rire intérieur qui ne se manifeste guère que dans les yeux.

Tout ce qui est comique ne l'est pas de la même façon : un mot ne l'est pas comme un geste ou même comme un

(1) Je suis la description du Dr Georges DUMAS, *Traité de psychologie*, Alcan, 1923, p. 692 *sq*. La bibliographie du comique est considérable; on en trouvera un aperçu dans Élie AUBOUIN, *Technique et psychologie du comique* ou *Les Genres du risible*, O. F. E. P., Marseille, 1948 [thèses de Rennes]; on ajoutera Charles LALO, *Esthétique du rire*, Flammarion, 1948, le numéro spécial de la *Revue d'Esthétique* : *Le rire, le comique, l'humour*, juillet-décembre 1950, et le suggestif chapitre sur Molière de Georges POULET, *Études sur le temps humain*.

autre mot, un caractère ne l'est pas comme une situation. Or, des différences d'expression ne mesurent pas
ici la densité comique; il s'agit de qualité plus que de
quantité : le silence qui provoque un sourire n'est pas
moins comique que la distraction qui déchaîne le fou
rire. Les humoristes de la musique ne font pas rire et
pourtant des reflets comiques éclaircissent notre plaisir
quand nous écoutons l'ouverture de *L'Étoile*. Il arrive
même que le comique se libère du risible ou du moins
le transfigure, quand Molière se propose de « faire rire
les honnêtes gens », sans qu'ils dussent cesser, par le
rire, d'être des honnêtes gens (1).

Un langage précis évitera toute confusion entre rire
et comique. Un esprit prévenu la dissipera facilement
dans les textes qu'une étude réservée au comique peut
rencontrer : à commencer par ceux de Baudelaire qui
lui serviront ici d'introduction.

« Je ne veux pas écrire un traité de la caricature; je
veux simplement faire part au lecteur de quelques
réflexions qui me sont venues souvent au sujet de ce
genre singulier (2). » Ce qui explique le titre complet
des pages *De l'essence du rire* recueillies dans *Curiosités
esthétiques :... et généralement du comique dans les arts
plastiques*. En fait, les remarques de Baudelaire visent
le comique partout où il se manifeste et les exemples
empruntés au théâtre ne manquent pas. Voici les thèses
selon leur enchaînement (3).

1º « Le Verbe incarné n'a jamais ri. » Le rire est

(1) MOLIÈRE, *La Critique de l'École des femmes*, scène VII :
« C'est une étrange entreprise que celle de faire rire les honnêtes
gens » [conclusion de la tirade citée plus loin, p. 147]. Cf. Étienne
SOURIAU, *Le Risible et le comique*, dans *Journal de Psychologie*,
avril-juin 1948, p. 147; tout l'article constitue une mise au point
décisive des rapports du comique et du rire.
(2) *Curiosités esthétiques*, BAUDELAIRE, *Œuvres*, Éditions de
La Pléiade, t. II, p. 165.
(3) Je résume, *ibidem*, p. 166-171.

immédiatement coupé de la joie et limité à l'expression des sentiments qu'inspire le comique. Ce sont ces sentiments qui sont inconcevables dans l'âme du « Sage par excellence ».

2º Ils le sont aussi dans celle d'Adam innocent. Signe que « le rire humain est intimement lié à l'accident d'une chute ancienne, d'une dégradation physique et morale ». Plus précisément : il lui est lié comme l'effet à la cause. « Le comique est un élément damnable et d'origine diabolique » : « le comique est un des plus clairs signes sataniques de l'homme et un des nombreux pépins contenus dans la pomme symbolique ».

3º Quel est le péché par excellence? L'orgueil. Le rire, n'est-ce pas, précisément, l'orgueil qui éclate? « Le rire vient de l'idée de sa propre supériorité. Idée satanique s'il en fut jamais! » L'exemple classique est celui de l'homme qui tombe. « Ce pauvre diable s'est au moins défiguré, peut-être s'est-il fracturé un membre essentiel. Cependant, le rire est parti, irrésistible et subit. Il est certain que, si l'on veut creuser cette situation, on trouvera au fond de la pensée du rieur un certain orgueil inconscient. C'est là le point de départ : *moi*, je ne tombe pas; *moi*, je marche droit; *moi*, mon pied est ferme et assuré. Ce n'est pas *moi* qui commettrais la sottise de ne pas voir un trottoir interrompu ou un pavé qui barre le chemin (1). »

Tout résumé trahit; les idées sont plus nuancées dans les pages suivantes et dans l'article *Quelques caricaturistes français*. On soulignera simplement un mot important dans le commentaire de l'exemple choisi : « Ce n'est point l'homme qui tombe qui rit de sa propre

---

(1) *Ibidem*, p. 172; toutes réserves mises à part sur l'exactitude du fait qu'on rit de l'homme qui tombe, surtout après les observations de M. Étienne Souriau, *Le Risible et le comique*, art. cit., p. 169-171 : « Jamais on ne rit, purement et simplement, parce qu'un homme tombe. Il faut qu'il y ait quelque chose de plus. J'en ai des reuves statistiques... »

chute, à moins qu'il ne soit un philosophe, un homme
qui ait acquis, par habitude, la force de se dédoubler
rapidement et d'assister comme spectateur désintéressé
aux phénomènes de son *moi*. » Laissons le philosophe
qui tombe : au moment où il tombe, sa philosophie
tombe avec lui. Ce qui doit être retenu, c'est la condition du comique introduite par « désintéressé » : le
rieur n'est pas engagé dans l'aventure qui le fait rire.

Le rire suppose mon intérêt personnel hors du jeu :
l'amour de soi, tel est le plus sûr antidote du comique.
Mais est-il la seule source d'intérêt? Il y a aussi la sympathie, par laquelle je participe aux sentiments de
l'autre, souffrant avec lui, me réjouissant avec lui,
c'est-à-dire prenant intérêt à ce qui lui arrive. Je ne ris
pas si je tombe; pas davantage si la sympathie me dicte
immédiatement : « Ce pauvre diable s'est au moins
défiguré, peut-être s'est-il fracturé un membre... »
    La condition du comique sera et que je ne sois pas
engagé dans l'aventure et que soit coupé le courant
créé par la sympathie.
    Reste à savoir si cette seconde condition ne serait
pas une variante de la première, si la sympathie ne
serait pas une forme de l'amour de soi.
    Pour bien comprendre la position de M. Pierre-Aimé
Touchard, il ne faut pas traduire amour de soi par
égoïsme, ni, par suite, donner aux termes du problème
une signification morale et laisser les associations d'idées
se diriger vers les maximes de La Rochefoucauld. Je
mange et je bois pour conserver mon corps; je m'instruis
pour cultiver mon esprit; je m'inquiète du salut de
mon âme : je suis naturellement porté à chercher mon
bien et cet amour naturel de soi est la condition même
de ma vie : il n'est en aucune manière immoral et la
morale oppose même à l'égoïsme un tel amour de soi
quand il est tourné vers les vrais biens du moi.
    C'est cette inclination que M. Pierre-Aimé Touchard

met à l'origine de la sympathie. Celle-ci consiste à se mettre à la place de l'autre, de telle sorte qu'il n'est plus tout à fait autre que moi et c'est encore moi que j'aime à travers lui. La même « volonté de rupture » suspend alors et l'amour de soi et la sympathie.

« L'atmosphère comique naît dès que je ne me sens plus en jeu (1). » Cela veut dire : je ne suis intéressé à ce qui arrive ni personnellement ni par personnage interposé.

Si je tombe, je ne ris pas; si je me mets à la place de l'homme qui tombe, je ne ris pas davantage, car c'est à ma chute que j'assiste. Au contraire, je ne me vois pas dans Georges Dandin, je me sens hors du jeu : Georges Dandin est radicalement autre que moi, car il n'est pas même moi par personnage interposé : je peux rire de lui. Si ses mésaventures m'intéressent, c'est en ce sens très large où la curiosité la plus désintéressée passe pour une marque d'intérêt (2). « Nous n'aimons spontanément que nous-même et ne pouvons aimer les autres que comme nous-même. Ce mouvement par lequel je dois, pour l'aimer, me substituer à autrui, ...s'il ne se produit pas, la seule condition à la naissance de l'atmosphère comique est réalisée (3). »

Il est certain que la sympathie nous met à la place de l'autre et elle arrête alors le comique en me faisant voir en lui ce que je pourrais être. Mais est-ce là toute la sympathie? Son analyse conduirait peut-être à une définition plus large : ce qui me permet d'appeler

(1) *Dionysos*, p. 51; voir le chapitre IV tout entier : *L'atmosphère comique.*
(2) La différence entre curiosité et intérêt proprement dit apparaît clairement dans ce texte de Stendhal que cite M. Touchard (*Ibidem*, p. 50) : « L'intérêt passionné avec lequel on suit les émotions d'un personnage constitue la tragédie; la simple curiosité qui nous laisse toute notre attention pour cent détails divers, la comédie. »
(3) *Ibidem*, p. 47,

l'autre mon semblable; alors le comique n'apparaîtra
que si je cesse de sentir mon semblable dans l'autre.
   Où est la nuance?

   Si je me mets à la place de Pierre, il y aura, entre
Pierre et moi, moins similitude qu'identification. Plus
exactement, car le mot « identification » supposerait
peut-être un amour dépassant à la fois l'aimant et
l'aimé, la relation entre Pierre et moi maintient bien
deux termes, mais, pour ainsi dire, avec une différence
de niveau : Pierre n'existe plus comme Pierre mais
comme prête-nom de moi-même; il y a bien deux moi
en présence mais l'un est moins l'image que le miroir
de l'autre.

   Pierre est mon semblable, cela veut dire qu'il est un
moi comme j'en suis un moi-même. Je l'aime non comme
s'il était moi mais parce qu'il est un moi et que tout
être ayant la dignité d'un moi appelle l'amour. La
sympathie ne lui prête nullement mon moi : au contraire,
elle affirme le sien; si elle s'achève en amitié, je l'aime
parce que c'est lui, peut-être aussi parce que c'est moi,
jamais parce qu'il est moi. De là le paradoxe de la personne qui est mon semblable sans cesser d'être autre :
nos dissemblances sont même la condition de cette
profonde similitude; pour être semblable à moi, Pierre
doit être, comme moi, une personne originale et unique,
donc distincte des autres.... et de moi.

   En quoi cette nuance importe-t-elle à l'essence du
comique?

   « Dans la comédie, il s'agit toujours d'un autre que
moi (1) ». Oui, mais « un autre que moi » peut encore
m'intéresser de telle façon qu'il n'y ait point de comédie.
Ce qui a frappé Baudelaire, c'est que le moi du rieur
reste en dehors de la zone comique; ce qui est mis en
lumière dans *Dionysos*, c'est que les moi possibles ou
imaginaires doivent aussi en être expulsés; il convien-

_____

(1) P.-A. TOUCHARD, *ouvr. cit.*, p. 48,

drait d'ajouter : aucun moi n'y peut subsister, si étranger
que soit ce moi à celui du rieur.

La personne n'est jamais comique.

L'homme qui tombe est Pierre que je connais bien.
Je ne ris pas mais me précipite pour l'aider à se relever,
lui demander s'il a mal, où il a mal... Pourquoi? Parce
que je le connais, direz-vous. Mais qu'est-ce que le
connaître? C'est savoir qui il est; autrement dit, être
au courant des principaux événements de sa vie, mettre
sous son nom quelques histoires qui, en gros, résument
son histoire. Il s'appelle Pierre, il est avocat, c'est un
homme marié, il est venu dans cette ville en 1920, il
habite telle rue, je l'ai rencontré en 1922 chez des amis,
sa probité inspire confiance, etc... Ainsi, la chute de
Pierre ne m'a point fait rire et m'a même un peu
inquiété, parce que l'événement a instantanément rejoint
les autres événements qui esquissent en gros traits sa
biographie : ce contexte a stoppé le comique.

Ce qui s'évanouit avec la sympathie, c'est donc la
personne à laquelle la sympathie s'attache et très précisément la personne qui, si l'on ose dire, fait corps
avec sa biographie.

Pas plus que la transcendance, la personne ne doit
ici être soumise à une analyse métaphysique raffinée :
dans la mesure où c'est possible, la notion sera prise au
niveau des faits qui représentent le point de départ
assez communément admis d'interprétations philoso-
phiquement divergentes.

Si ma biographie pouvait être une résurrection vraiment intégrale de ma vie, instant par instant, me
définirait-elle complètement? Le *je* qui pense et qui
agit n'est-il que la somme de ce qu'il a pensé et de ce
qu'il a fait? C'est là une question; ce qui n'en est pas
une, c'est que je suis d'abord et au moins l'homme qui
a choisi cette carrière, qui a supporté telles épreuves,
qui a cru en certaines vérités, etc... Il faut reconnaître

à la fois que je suis auteur de mes actes et que mes actes me créent : ce cercle est essentiel à la personnalité, même s'il n'en est pas l'essence; il figure le rythme de son existence concrète et quotidienne, même s'il reste en deçà de son mystère métaphysique.

La distinction entre être et avoir éclaire la condition de la personne : on dira non seulement que l'homme a une histoire mais qu'il est une histoire. Le chien a une histoire que son maître peut raconter : il ne saurait la raconter lui-même puisque lui-même n'est pas cette histoire.

La personne qui n'est jamais comique est cet être historique.

Une des scènes les plus drôles dans *L'Avare* est certainement celle où Harpagon surgit, criant comme un fou, après avoir découvert le vol de sa cassette : « ...mon argent! mon pauvre argent! mon cher ami... je n'ai plus que faire au monde... je suis mort (1)... » Restituons immédiatement à Harpagon une biographie : d'où vient son argent? Imaginons un homme dont les débuts furent très durs; il a peu à peu amassé une fortune à force de travail et de privations... La sympathie pointe. Non que le personnage devienne sympathique : son avarice reste de l'avarice; nous pouvons même penser que ce vol est un châtiment bien mérité; mais sa douleur nous apparaît comme une douleur et ne peut plus être comique. Notre imagination, direz-vous, a été charitable et la supposition, par suite, un peu trop favorable. Soit. Harpagon est un bourgeois cossu qui doit tout à ses parents; admettons même qu'à l'occasion l'usure a fait fructifier l'héritage; or, les mots « je suis mort » se détachent du contexte et, dans une brusque association d'idées orientée vraiment à contre sens, ils nous rappellent qu'en effet cet homme doit mourir; ce présent ridicule est l'anticipation d'un futur parfai-

(1) Acte IV, scène dernière.

tement sérieux. Rien dans son histoire n'invite à la pitié; il suffit pourtant que cette histoire soit évoquée, et elle l'est par la seule pensée de son dernier épisode : le tyran tyrannisé n'est plus qu'un pauvre diable.

Molière se garde bien d'apporter des précisions sur le passé du personnage : que la personne perce sous le personnage et c'en est fait de la comédie.

La distraction, c'est la personnalité qui fuit le réel; la grimace, la personnalité qui fuit le visage; la raideur du geste, la personnalité qui fuit le corps; le déguisement, la personnalité qui fuit le vêtement; le *quiproquo*, la personnalité qui s'efface derrière l'intrigue... Lorsque, dans *Les deux canards* de Tristan Bernard, le journaliste qui, sous deux pseudonymes, écrit dans les deux feuilles concurrentes, est conduit par la violence de la polémique à se provoquer lui-même en duel, nul ne s'apitoie sur une situation qui a fait disparaître sa personnalité sous deux personnages.

Le drame et la tragédie se jouent sur le plan de l'existence concrète. En effet, si le premier surgit lorsque l'ombre de la mort s'étend sur la vie, il est trop clair qu'il naît de l'existence dans la mesure où celle-ci est une histoire qui finira mal, puisque le seul fait de finir est tenu pour un mal : si sa vie n'était pas en jeu, l'aventure de Ruy Blas ne serait qu'une mésaventure. De même, si le tragique est lié à la présence d'une transcendance, celle-ci sera toujours une façon d'exprimer le sens profond de l'existence : le destin transcende la personne d'Œdipe, mais il est une loi selon laquelle existe historiquement une famille dont aucune volonté ne peut détacher tel ou tel membre.

L'existence historique reçoit sa tonalité dramatique de la fin qui la menace à chaque instant et la signification tragique résonne dans sa profondeur. Ainsi, ce qui arrive paraît dramatique ou tragique à un esprit qui fixe le réel avec la volonté d'aller jusqu'au bout ou jusqu'au fond de son historicité. Le comique requiert un autre traitement : il ne s'agit plus de l'existence mise à nu, mais d'une existence soumise à un traitement qui la vide d'histoires trop personnelles.

Une minutieuse étude de la surdité dans le théâtre français aboutit à cette conclusion : « D'une façon générale, la surdité s'est trouvée placée sur le terrain comique... Le théâtre, comme la société, a vu dans la surdité, jugée indolore, un travers plutôt qu'une infirmité. Le sourd est donc devenu un caractère, cessant d'être un infirme (1)... » Pour devenir comique, la surdité cesse d'être une douleur, qui éveillerait la sympathie pour la personne condamnée à une épreuve si pénible; la disparition de la personne qui souffre de surdité laisse place à un personnage sans nom ni histoire, le sourd. La contre-épreuve est fournie lorsque l'auteur cherche comment, au XXe siècle, la surdité a rejoint « le plan dramatique » : il trouve, en premier lieu, le « développement des études biographiques, dont plusieurs ont été consacrées au cas Beethoven (2) ».

II. — LE TYPE.

Un personnage devient comique à mesure qu'il est vidé de la biographie qui fait de lui *cette personne* unique; de l'être réalisé dans une histoire qui se réalisera une seule fois se détache un type; la sympathie qui nous attache à la personne historique disparaissant avec elle, le comique peut naître.

La scène se passe dans le cabinet d'un médecin des hôpitaux appelé à donner un avis de *consultant.* Les circonstances n'ont, évidemment, rien de drôle. Le cadre est indifférent. Un médecin consciencieux dans l'exercice de son art n'a rien d'amusant. Or, en tom-

---

(1) René BERNARD, *Surdité, surdi-mutité et mutisme dans le théâtre français*, Paris, Rodstein, 1941 [thèse de la Faculté des Lettres de Rennes], p. 351-352.

(2) *Ibidem*, p. 352; cf. p. 113 *sq.*

bant dans le dialogue, un mot laisse un imperceptible sillage comique : « Quand on vient voir *un consultant*... » « On paie immédiatement *un consultant*... » Ainsi, personne n'a envie de rire et personne ne prête à rire; le ridicule est infinitésimal, même légèrement coloré par la brutalité de la dernière formule : situation privilégiée pour saisir le comique à l'instant où une nuance fugitive trahit le secret de sa naissance.

Le comique s'est glissé dans cette scène de la vie sérieuse quand le médecin a cessé d'être le Dr X... pour devenir « le consultant », quand la personne s'est effacée derrière le type.

C'est l'Avare qui est comique, non Monsieur Harpagon.

On voit pourquoi il y a des drames qui font rire. Que le dramaturge s'arrête à la surface des êtres, et voici que se profilent des types, « le jeune premier », « la femme du monde », « le traître de mélodrame »... Une riche collection se trouve dans les romans et le théâtre de Georges Ohnet, que le cinéma ne permet pas d'oublier. Jules Lemaître écrira sans grands frais son célèbre article : il lui suffira d'écraser chaque personnage sous son type. « Voici le jeune premier, le roturier génial et héroïque : un beau brun, teint ambré, cheveux courts, barbe drue, longs yeux, larges épaules, voix de cuivre. Il est sorti premier de l'École polytechnique... » « Pas un personnage qui ne soit conçu selon les inévitables formules. » Pas même les comparses : « Si on nous présente un notaire, il sera cérémonieux ou plaisantin... si un homme de chicane, il aura le regard faux et les lèvres minces (1)... » Ces types sont d'autant plus comiques qu'ils n'ont pas été voulus tels : l'imagination n'a pu donner à ses personnages la personnalité avec la vie, elle ressemble à une pensée qui se gonfle et éclate en lieux communs.

(1) Jules LEMAITRE, *Les Contemporains*, 1re série, 1890, p. 345-347.

Pourtant, n'y a-t-il pas des types dramatiques ou même tragiques? Ne dit-on pas « un Hamlet? » Oui, mais « un Hamlet » conduit droit à la « moralité légendaire » de Laforgue, qui n'est plus tout à fait une tragique histoire.

Il convient de ne pas confondre deux attitudes fort différentes. L'histoire de Roméo peut se répéter sous nos yeux et, naturellement, son souvenir s'impose à un esprit toujours heureux de trouver des précédents qui l'aident à penser le neuf. Mais, dans le rapprochement, le personnage shakespearien est pris avec sa personnalité et son aventure originale et, si j'ai le sens des nuances, mon contemporain est pris, lui aussi, comme un cas unique et irréductible. Si le nom de Roméo glisse du premier au second, c'est simplement pour souligner une similitude, non pour les faire entrer l'un et l'autre dans un schème qui exténue leur personnalité. Le son de la voix change pour dire : « c'est un Roméo » ou « il est son Roméo ». Avec un sourire amusé ou lassé, je reconnais un échantillon dont le modèle se tire en série. Ce n'est plus l'éternelle histoire qui se répète mais la sempiternelle histoire qui recommence!

Le type se définit non par l'absence d'individualité mais par la disparition de la personnalité engagée dans une histoire.

Il est clair qu'un type est pourvu d'une individualité : « l'Avare » n'est pas « le Misanthrope »; « la Femme savante » n'est pas tout à fait « la Précieuse ridicule ». Mais l'histoire s'est retirée de cette individualité, de sorte que le type conserve assez d'individualité pour représenter un personnage, sans l'historicité qui en ferait une personnalité.

Ce paradoxe trouvera une illustration frappante aux deux points opposés du mouvement qui écarte et rapproche le type de l'histoire.

Le type comique est tellement vidé de biographie qu'à la limite il en peut recevoir plusieurs.

Pantalon et Arlequin de la *Commedia dell' arte*, Pierrot et Colombine de la pantomime, Polichinelle des marionnettes françaises, Guignol et Gnafron des poupées lyonnaises, ces personnages traverseront de multiples aventures sans être gênés par un état-civil. Aucune date de naissance ne les emprisonne dans le temps, les condamnant à cette vie unique qui s'étale le long du calendrier, sous le triple numérotage de l'année, du mois et du jour. S'ils ont un âge, celui-ci sera moins une précision historique qu'une exigence de l'emploi : Pantalon est un vieillard parce que le rôle exclut la jeunesse comme celui de Colombine exclut la vieillesse.

Une fois éliminée la biographie, que reste-t-il? Un faisceau de caractères définissant le personnage hors de toute existence historique, comme une essence. N'étant plus celui qui a fait ceci et cela, le type sera celui qui est ceci et cela. A mesure que la personnalité disparaît avec les événements qui lui donnaient la consistance d'une existence, les traits doivent s'accumuler dans la définition qui donne au personnage la consistance d'une essence.

L'univers de la *Commedia dell' arte* et des poupées animées ressemble fort à celui des archétypes platoniciens : entre Arlequin et les créatures éphémères qui porteront son nom, le rapport est de participation. Ici et là, l'essence précède l'existence et l'existence ne lui ajoute rien. Les êtres qui participent à l'idée du Beau, en reçoivent leur beauté mais l'idée du Beau n'en reçoit rien; de même, Pierrot entre dans mille histoires différentes mais ces histoires n'entrent pas en lui : ce qu'il est reste indépendant de ce qu'il fait.

Son essence, toutefois, est d'un genre particulier : elle définit un personnage; être participée, pour elle, signifie donc animer une intrigue; l'archétype descend sur la scène pour devenir le personnage engagé dans les péripéties d'*Arlequin poli par l'Amour* ou l'Arlequin des *Fausses confidences* ou l'Arlequin du *Prince travesti*, comme il avait pris corps dans de multiples jeux au théâtre italien, rajeunissant les vieux canevas ou bondissant dans de nouvelles aventures (1).

Si l'on se rappelle que drame signifie action, le type est, à la lettre, une essence dramatique, une essence qui se développe en actions.

C'est pourquoi il entre, dans la définition du type, des traits qui ne pourraient appartenir à celle d'une idée. L'homme, dit l'aristotélisme, est un animal raisonnable : l'homme est une espèce qui relève du genre animal mais en se distinguant des autres espèces animales par le fait d'être raisonnable. Qu'un homme soit gourmand ou bossu, cela est accidentel par rapport à ce qui fait l'essentiel de son humanité : au contraire, Polichinelle sans bosses n'est plus Polichinelle et Pierrot cesse d'être lui-même s'il n'est plus gourmand.

Dans le type, l'extérieur tient à l'être même que définit l'essence et n'apparaît plus comme accidentel. A commencer par le vêtement. Napoléon sans la redingote grise et le petit chapeau reste Napoléon pour les historiens, sinon pour l'image d'Épinal où sa légende le simplifie justement en héros de théâtre. Pas d'Arlequin sans son habit aux pièces bigarrées : l'habit appartient à l'essence d'Arlequin. Pierrot est son costume à tel point que le même mot désigne à la fois le personnage et le déguisement. Les signes physiques, naturellement, sont typiques : le nez crochu du Pulcinella napolitain, les bosses du Polichinelle français. Une carcasse de caractère achève le type : Pantalon est avare; Guignol, sans être malhonnête, taquine le commissaire;

_____

(1) Voir, par exemple, XAVIER DE COURVILLE, *Un apôtre de l'art du théâtre au XVIII**siècle, Luigi Riccoboni, dit Lélio*, t. II, 1716-1731, *L'Expérience française*, Paris, Droz, 1945, ch. IV.

capitan est devenu synonyme de bravache sous la plume de Descartes comme de Molière (1).

« Le type fixe », on l'a justement signalé, « loin d'être un moule gênant, apparaît comme un moyen technique ingénieux qui autorisait un jeu plus libre (2). » Chaque acteur lui imprime sa marque. La *Commedia dell' Arte* eut un Arlequin élégant et un Arlequin pathétique, parents assez éloignés du vulgaire niais venu de Bergame que l'histoire leur donne pour ancêtre, à travers des générations de fripons hâbleurs et couards (3). Que le Pierrot depuis le Pedrolino des italiens jusqu'au pantomime des Funambules et à la silhouette bondissante des *Enfants du Paradis!* mais peu importe que Pierrot trouve son âme dans le corps de Gaspard-Baptiste Debureau ou dans celui de Jean-Louis Barrault s'il est toujours Pierrot et si Watteau peut le reconnaître.

Le type ainsi défini est toujours disponible pour de nouvelles histoires, car ces histoires ne constituent pas une histoire. Elles sont discontinues : ce qui arrive

(1) *Descartes à* X..., octobre 1639 : « Ce qui me fait souvenir du Capitan de la Comédie, qui, après avoir menacé quelqu'un de le tuer de son regard, comme un basilic, ou de le pousser du pied jusques aux enfers, en reçoit patiemment des coups de bâton sans se défendre, disant qu'il ne fait que chasser la poussière de ses habits, et qu'il ne touche point à sa peau. » *Œuvres,* Éditions Adam et Tannery, t. II, p. 608-609; MOLIÈRE, *Les Fâcheux,* Acte I, scène X : « Je ne veux point ici faire le capitan... »
(2) Gaston BATY, *Vie de l'art théâtral,* p. 181.
(3) *Ibidem,* p. 180; Georges JAMATI, *La Commedia dell'Arte et l'improvisation comique,* dans *Revue d'Esthétique,* juillet 1950, et *La Comédie italienne en France,* dans *Théâtre,* 4e cahier, *Une tradition théâtrale : De Scaramouche à Louis Jouvet,* Éditions du Pavois, 1945, p. 49; dans ce même cahier, Paul Arnold montre bien comment le type de la comédie italienne ne persiste qu'en évoluant, *Causes de la décadence d'un genre,* p. 176-180; voir enfin le très important ouvrage de Gustave ATTINGER, *L'Esprit de la Commedia dell'Arte dans le théâtre français, Publications de la Société d'histoire du théâtre,* La Baconnière, Neuchâtel, et La Librairie théâtrale, Paris, 1950 [bibliographie].

dans l'une est sans prolongement dans l'autre; si Pierrot se marie à la fin de cette intrigue, il n'a pas besoin
de divorcer pour se retrouver célibataire au début de
la suivante. D'ailleurs, est-ce bien la suivante? Aucun
ordre ne les unit, pas même de succession : celle-ci n'est
pas plus avant qu'après celle-là; chacune a son temps
intérieur que ne déborde aucun temps commun. Nulle
mémoire n'introduit entre elles le lien du souvenir et
les actes ne suivent pas leur auteur plus loin que la
dernière scène : ici, le passé passe vraiment et aucune
incarnation n'impose aux autres la leçon ou la nostalgie
d'une vie antérieure. Aussi la destinée du type ne
finit-elle jamais avec la comédie : quand il meurt au
dénouement, cela ne l'empêche pas de courir d'autres
aventures. Pierrot est mort, vive Pierrot!

Mais puisque notre époque eut le privilège d'assister
à la création d'un type, regardons Charlot. Quand il
quitte son veston trop court et ses souliers trop grands,
il n'est plus Charlot mais M. Charlie Chaplin, libre alors
de devenir M. Verdoux. Sa moustache lui est aussi
essentielle que l'innocence invincible de son regard.
Habit et silhouette sont constitutifs du type comme le
destin dont ils sont le signe. Une inadaptation incorri-
gible et, par suite, continuelle, maintient Charlot en
marge et, du même coup, au-dessus de ce qui le bouscule,
société, choses, machines. Cette transcendance sans
calcul d'une sagesse ahurie est le principe d'une comédie
aux cent films divers qui en sont les illustrations mou-
vantes et discontinues. Charlot ne vieillit pas : son âge
est fixé par son type, non par le temps qui mesure ses
aventures. Il reste sans expérience malgré la multiplicité de ses expériences : chaque amour sera toujours
premier et unique. Charlot ou le cœur d'un seul amour
dans des vies innombrables.

Ces films se succèdent avec leur date dans l'imagination de M. Chaplin mais non dans la vie de Charlot :
il y a des vies de Charlot et non une vie de Charlot.

« Charlot pompier » est le même et n'est pas le même que
« Charlot policeman ». L'exégète peut découvrir dans
L'Émigrant des schèmes comiques et une inspiration
qui annoncent *La Ruée vers l'or :* ce rapport introduit
une certaine continuité dans l'histoire du poète, non
dans les histoires qu'il raconte. Qui veut étudier l'inventeur doit connaître *L'Émigrant* avant *La Ruée vers
l'or.* Qui veut voir Charlot ignore ce genre de scrupules
et le trouve tout entier dans chacune de ses apparitions.

Charlot n'est pas toujours comique. On a dit « la qualité incommunicable de ses sourires infiniment tristes
et presque aussitôt réprimés (1) ». Il y a des bémols
dans « la mélodie silencieuse ». Les mésaventures de
l'homme dont le regard transfigure des petits pains en
ballerines, ces mésaventures trahissent une mystérieuse
misère, celle, peut-être, d'un ange déchu qui ne se sou-
viendrait plus des cieux.

Il arrive qu'en s'animant le type soit pris dans une
âme.

Le comique apparaît quand un personnage se vide
de l'existence historique qui le fait une personne et,
par là, tend à devenir un type. Une première vérification serait obtenue par l'étude de ces types purs ou
à peu près purs que présentent la *Commedia dell' Arte*
et certaines figures de marionnettes. La contre-épreuve
consisterait à suivre le mouvement inverse par lequel
un type se remplit d'existence historique et qui réintro-
duit une personne dans le personnage. Ce serait sans
doute l'histoire de la comédie.

Comique et comédie sont si peu synonymes qu'on
a parlé de comédie larmoyante. Néanmoins, dans la
mesure même où son sens reste très large et assez vague,
comédie suggère des négations qui la rapprochent de
comique. Une comédie est avant tout ce qui n'est pas

(1) René Schwob, *Une mélodie silencieuse,* Grasset, 1929, p. 46.

une tragédie ni un drame ni une pure féerie : on est donc rejeté vers le théâtre comique; mais pas n'importe lequel, pas la farce. Le langage usuel est d'accord avec Boileau qui oppose Ménandre à Aristophane, Térence à Tabarin, l'auteur du *Misanthrope* à celui des *Fourberies de Scapin*.

La direction ainsi marquée se précise à travers les expressions dans lesquelles le mot fut entraîné. Dans comédie-ballet, comédie-bouffe, comédie-vaudeville, le second terme ramène la comédie vers la farce. Comédie de caractère et comédie de mœurs l'en détournent, constituant la grande comédie ou la haute comédie qui, avec le caractère et les mœurs, mêle à la fantaisie comique un devoir d'exactitude.

C'est pourquoi, en un passage célèbre, Molière disait la comédie un peu plus difficile que la tragédie : « Lorsque vous peignez des héros, vous faites ce que vous voulez... Mais lorsque vous peignez les hommes, il faut peindre d'après nature (1). » Peu importe ici que Molière confonde la tragédie avec la féerie et parle du « portrait » avec un réalisme photographique qui trahit sa pensée comme son œuvre. Ce que la tirade de Dorante souligne, c'est la double fidélité à la vérité comique et à la réalité humaine qui définit la comédie.

Un problème indéfiniment actuel passionne alors professeurs, metteurs en scène et acteurs : faut-il jouer

(1) *La Critique de l'École des femmes*, scène VII : « Je trouve qu'il est bien plus aisé de se guinder sur de grands sentiments, de braver en vers la fortune, accuser les destins, et dire des injures aux dieux, que d'entrer comme il faut dans le ridicule des hommes, et de rendre agréablement sur le théâtre les défauts de tout le monde. Lorsque vous peignez des héros, vous faites ce que vous voulez. Ce sont des portraits à plaisir, où l'on ne cherche point de ressemblance; et vous n'avez qu'à suivre les traits d'une imagination qui se donne l'essor, et qui souvent laisse le vrai pour attraper le merveilleux. Mais lorsque vous peignez les hommes, il faut peindre d'après nature. On veut que ces portraits ressemblent, et vous n'avez rien fait, si vous n'y faites reconnaître les gens de votre siècle. »

des pièces comme *Tartuffe* et *Le Misanthrope* en comédie
ou en drame, voire en tragédie? La réussite n'est pas
une preuve, car elle manifeste moins la valeur de la
formule que le talent de l'interprète et on ne peut guère
juger l'arbre à ses fruits quand les fruits sont l'œuvre
du jardinier autant que de l'arbre.

En fait, la question est mal posée; sa solution sera
aussi artificielle que ses termes, quelle qu'elle soit :
on est parti des genres dramatiques là où il s'agissait
de catégories dramatiques. Qu' « au fond » *Le Misanthrope* soit une véritable tragédie et *Tartuffe* un drame,
cela permet sans doute de disserter avec intelligence
sur la comédie que Molière a jouée; mais la discussion
conduit à ces conflits et à ces mélanges de genres qui
restent toujours un peu extérieurs à des œuvres trop
complexes pour recevoir une étiquette.

Dans la mesure où Alceste est « le Misanthrope »
et se simplifie en type, il est un personnage comique;
dans la mesure où il est Alceste, c'est-à-dire un homme
jeune encore et amoureux, souffrant dans son amour
et par son amour, sincèrement blessé par les grimaces
du monde et jouant son bonheur dans l'aventure de
l'honnêteté, il cesse de faire rire. Tartuffe est comique
quand il est « l'Imposteur » et, comme type, donne son
nom à tous les faux dévots : il ne l'est plus quand sa
méchanceté l'individualise et l'engage dans une histoire
qui ne sera celle d'aucun autre « tartuffe ».

Au deuxième acte du *Misanthrope*, la fameuse scène V
est bien de pure comédie : or, chacun joue son rôle de
type. Célimène, celui de la coquette : ses portraits
médisants ne visent à l'exactitude que dans la mesure
où celle-ci ferait briller son esprit et rire la galerie;
ce qui est comique, pour ses hôtes, ce sont les modèles
qu'ils connaissent et que leurs caricatures rendent ridicules; mais, pour nous, c'est le peintre qui pose et qui
se trouve typifié par sa pose même. Les répliques de
Philinte introduisent le point de vue du sage qui veut

rester à la fois honnête homme et homme du monde.
Alceste est pleinement le Misanthrope. Les petits marquis ne sont que les petits marquis, à peine différenciés
par leurs noms de Clitandre et d'Acaste.

Ah! rien n'est comparable à mon amour extrême...

Ceci n'est pas tiré d'un livret d'opéra : le jeune premier qui soupire est Alceste, à la fin de son explication
avec Célimène, scène III de l'acte IV.
Dès le début de l'entretien, le ton a changé :

Ah! ne plaisantez point, il n'est pas temps de rire.

La comédie est interrompue. Peu importe qu'Alceste
déclame encore comme le Misanthrope : ils ne sont plus
drôles, ces grands mots qu'une vieille habitude de vitu-
pérer jette sur une vraie douleur. Le personnage joue
maintenant son drame personnel.
La nature humaine s'est vengée de celui qui a « conçu
pour elle une effroyable haine ». Le Misanthrope aime
la femme qui est l'image vivante de tout ce qui le
rend misanthrope. Dans cet amour qui le nie, il se
retrouve Alceste. Son cas a été présenté dans la première
scène de la pièce : Alceste aime Célimène, et ceci, comme
on aime quand on aime vraiment, par delà toutes les
raisons d'aimer et malgré les raisons de ne pas aimer.
Son drame sera d'être particulièrement sensible à ces
dernières; ce sera donc celui d'une passion trop lucide
mais se justifiant par l'ambition qui est inscrite dans
tout amour : vouloir le bien de ceux qu'on aime, c'est
espérer que, sous la douce influence de cette volonté
même, ils deviendront meilleurs (1).

(1) Acte I, scène I :

Non. L'amour que je sens pour cette jeune veuve
Ne ferme point mes yeux aux défauts qu'on lui treuve;
Et je suis, quelque ardeur qu'elle m'ait pu donner,

Lorsque Célimène se heurte au champion de la vérité sans fards, leur relation est comique : celle-ci devient très différente lorsque l'amour de l'homme cherche l'âme de la femme. On le voit bien dans cette scène du quatrième acte où Célimène fuit l'explication à mesure qu'Alceste en démontre l'urgence, où Célimène se cache derrière son type tandis qu'Alceste s'enfonce dans sa personnalité. Rien n'est plus émouvant que ce dernier appel d'un cœur qui condamne et, en même temps, accepte sa passion; sa lucidité impitoyable a enfin pitié de son amour : il va courir les risques de la foi aveugle :

> *Efforcez-vous ici de paraître fidèle,*
> *Et je m'efforcerai, moi, de vous croire telle.*

Nous sommes très loin du type, peut-être tout près de Molière...

De même, Tartuffe oscille du type à la personne, oscillation qui mesure la densité comique du rôle. Bien sûr, tous les faux dévots ne répéteront pas le geste et les paroles de son entrée en scène : « ... Couvrez ce sein que je ne saurais voir. » Mais, ce que ce geste et ces paroles signifient est inscrit dans l'essence même d'une certaine hypocrisie : aussi, d'un seul trait, ont-ils dessiné le type dans sa splendeur comique. Au contraire, personne ne rit, à la fin du quatrième acte, quand éclate :

> *C'est à vous d'en sortir, vous qui parlez en maître*

Le geste et les paroles ont brusquement changé le climat dans la salle comme sur la scène. Nous étions

> *Le premier à les voir, comme à les condamner.*
> *Mais avec tout cela, quoi que je puisse faire,*
> *Je confesse mon faible; elle a l'art de me plaire :*
> *J'ai beau voir ses défauts, et j'ai beau l'en blâmer*
> *En dépit qu'on en ait, elle se fait aimer;*
> *Sa grâce est la plus forte; et sans doute ma flamme*
> *De ces vices du temps pourra purger son âme.*

en plein vaudeville; Molière avait multiplié les jeux de scène à gros effets : Orgon, caché sous la table, a entendu la leçon de théologie accommodante que son héros prêche à sa femme; craignant que cette dialectique n'aboutisse un peu trop vite à sa conclusion, Elmire est en proie à une toux d'une irritation de plus en plus pressante; quand Tartuffe s'avance, les bras ouverts, pour l'embrasser, elle se retire prestement et il se trouve nez à nez avec le mari... Et voici que, tout d'un coup, les hôtes de Tartuffe et les spectateurs ont l'impression qu'il se passe quelque chose de très sérieux...

> *C'est à vous d'en sortir, vous qui parlez en maître.*

Le geste et les paroles ont fait surgir une personnalité, le Tartuffe que ses exploits distinguent de tous les autres, l'aventurier de grande classe dont la biographie reste voilée mais sera évoquée à la fin du dernier acte quand l'Exempt dira, parlant au nom du Prince :

> *un fourbe renommé,*
> *Dont sous un autre nom il était informé;*
> *Et c'est un long détail d'actions toutes noires*
> *Dont on pourrait former des volumes d'histoires.*

« Des volumes d'histoires » ne racontent pas la vie d'un type : même si nous n'avons pu les ouvrir, il suffit qu'ils existent pour faire de Tartuffe un faux nom peut-être, mais un nom propre, et couper net la *vis comica.*

Le passage de la personne au type ou du type à la personne ne coïncide pas nécessairement avec un changement de scènes ou de tableaux : les oscillations peuvent être très rapides et se produire à l'intérieur d'un vers, à la faveur d'un mot, d'un silence ou d'un regard. La meilleure illustration serait ici l'Arnolphe de Louis Jouvet dont le jeu va et vient du type comique, « le barbon amoureux », à l'homme au cœur blessé.

L'interprète ne recherche ni le ridicule ni le pathétique mais la vérité qui est tantôt ridicule, tantôt pathétique, quelquefois l'une et l'autre presque au même instant.

> *Et cependant je l'aime...*
> *Et cependant jamais je ne la vis si belle* (1)...

« Et cependant » découvre un nouveau plan d'existence, celui où la jalousie est souffrance, où la personne paie la sottise du type, où la pitié oublie la justice. Le barbon tombe : on rit; mais c'est un pauvre homme qui se relève; le drame pointe :

> *Et je sens là-dedans qu'il faudra que je crève* (2)...,

mais voici le notaire et la bonne farce reprend... Et ainsi de suite, avec un art de l'ambiguïté qui fait tout le plaisir de la comédie.

III. — L'ABSTRACTION COMIQUE.

Si ces vues sont exactes, n'auraient-elles pas, en outre, la chance d'avoir trouvé une expression parfaite dans *Le Rire* de Bergson?

Celui-ci a très clairement souligné la condition du comique. « Peignez-moi un défaut aussi léger que vous voudrez : si vous me le présentez de manière à émouvoir ma sympathie, ou ma crainte, ou ma pitié, c'est fini, je ne puis plus en rire (3). » « Il y a un art de décourager notre sympathie au moment précis où elle pour-

---

(1) *L'École des femmes*, Acte III, scène V et Acte IV, scène I.
(2) *Ibidem*, Acte IV, scène I.
(3) *Le Rire*, 16e éd., 1917, p. 142. Rappelons les excellents chapitres d'Albert THIBAUDET, *Le Bergsonisme*, Paris, N. R. F., 1923, t. II, ch. VIII, Le Rire, et ch. IX, M. Bergson et Molière.

rait s'offrir, de telle manière que la situation, même sérieuse, ne soit pas prise au sérieux (1). »

C'est pourquoi je ne suis jamais comique à mes propres yeux : « Si conscient qu'il puisse être de ce qu'il dit et de ce qu'il fait, s'il est comique » — Bergson parle ici du personnage de comédie — « c'est qu'il y a un aspect de sa personne qu'il ignore, un côté par où il se dérobe à lui-même : c'est par là seulement qu'il nous fera rire (2) ».

« Tout personnage comique est un *type*. Inversement, toute ressemblance à un type a quelque chose de comique. » Bergson continue : « Nous pouvons avoir fréquenté longtemps une personne sans rien découvrir en elle de risible : si l'on profite d'un rapprochement accidentel pour lui appliquer le nom connu d'un héros de drame ou de roman, pour un instant au moins elle côtoiera à nos yeux le ridicule. Pourtant, ce personnage de roman pourra n'être pas comique. Mais il est comique de lui ressembler (3). » Et encore : « Le titre même des grandes comédies est déjà significatif. Le Misanthrope, l'Avare, le Joueur, le Distrait, etc., voilà des noms de genres; et là même où la comédie de caractère a pour titre un nom propre, ce nom propre est bien vite entraîné, par le poids de son contenu, dans le courant des noms communs. Nous disons : un Tartuffe, tandis que nous ne dirions pas : une Phèdre ou un Polyeucte (4). »

Au contraire, « ce que le dramaturge nous met sous les yeux, c'est le déroulement d'une âme, c'est une trame vivante de sentiments et d'événements, quelque chose enfin qui s'est présenté une fois pour ne plus se

(1) *Ibidem*, p. 143; cf. p. 5.
(2) *Ibidem*, p. 150; cf. p. 172 : « Nous ne sommes jamais risibles que par le côté de notre personne qui se dérobe à notre conscience. »
(3) *Ibidem*, p. 152.
(4) *Ibidem*, p. 167-168.

reproduire jamais (1) ». « Le héros de tragédie est une
individualité unique en son genre... Personne ne lui
ressemble, parce qu'il ne ressemble à personne (2). »

Ces justes remarques ne pourront être retenues ici
exactement avec le même sens que dans *Le Rire*.

« Le Misanthrope, l'Avare, le Joueur, le Distrait, etc.,
voilà des noms de genres... » Ainsi, pour Bergson, les
types sont des genres, c'est-à-dire des concepts élaborés
« par une comparaison entre des cas analogues dont
on exprime la quintessence », très précisément : « par
un travail d'abstraction et de généralisation semblable
à celui que le physicien opère sur les faits pour en déga-
ger les lois (3) ». Le philosophe ne cesse de le répéter :
la distinction de la comédie et du drame ou de la tragédie est fondée sur l'opposition de la réalité indivi-
duelle à l'idée générale (4).

De là des remarques si étonnantes sous une plume
si fine : « le genre d'observation d'où naît la comédie
... est une observation extérieure ... s'installe à la surface... »; l'effet comique « exprime une moyenne d'humanité (5) ». Comment! Le comique de Shakespeare et
de Molière prenant source dans une observation super-
ficielle? Falstaff et M. Jourdain, ces personnages outrés,
réduits à la mesure de simples « moyennes »?

Pareilles conséquences sont inévitables si la généralité du type est celle de l'idée générale.

L'homme, selon le bergsonisme, est une personne
condamnée à se fuir. La nature et la société la tirent
hors d'elle-même, la nature pour la jeter parmi les choses

(1) *Ibidem*, p. 165.
(2) *Ibidem*, p. 168.
(3) *Ibidem*, p. 173.
(4) Par exemple *ibidem*, p. 169 : « Cette différence essentielle
entre la tragédie et la comédie, l'une s'attachant à l'individu et
l'autre à des genres... »
(5) *Ibidem*, p. 172-173.

utiles à la vie du corps, la société pour la plier à cette similitude par laquelle nous sommes les uns pour les autres des « semblables », condition de la solidarité nous unissant au groupe et dans le groupe comme les cellules d'un organisme. Il y a donc deux niveaux d'existence : celui du moi profond, qui est un moi véritable par sa profondeur même, celui de l'être absorbé par l'exercice des fonctions biologiques et sociales. Drame et tragédie, qui s'intéressent à l'individuel, sont tournés vers le premier, puisque l'individualité coïncide avec la profondeur : comment alors la comédie, ne visant plus l'individuel, ne s'éloignerait-elle pas de la profondeur?

« Ce que le drame va chercher et amène à la pleine lumière, c'est une réalité *profonde* qui nous est voilée, souvent dans notre intérêt même, par les nécessités de la vie. » « Tantôt il ira droit au but; il appellera, du *fond* à la surface, les passions qui font tout sauter », ces « passions individuelles » dont la raison et la société « étouffent », sous une vie tranquille et bourgeoise, « le feu intérieur ». « Tantôt, il obliquera, comme fait souvent le drame contemporain; il nous révélera, avec une habileté quelquefois sophistiquée, les contradictions de la société avec elle-même; il exagérera ce qu'il peut y avoir d'artificiel dans la loi sociale; et ainsi, par un moyen détourné, en dissolvant cette fois l'enveloppe, il nous fera encore toucher *le fond* (1). » Au contraire, la comé-

_____

(1) *Ibidem*, p. 162-164; mots soulignés par nous. Et encore : « ... Nous avons cette impression au sortir d'un beau drame. Ce qui nous a intéressés, c'est moins ce qu'on nous a raconté d'autrui que ce qu'on nous a fait entrevoir de nous, tout un monde confus de choses vagues qui auraient voulu être, et qui, par bonheur pour nous, n'ont pas été. Il semble aussi qu'un appel ait été lancé en nous à des souvenirs ataviques infiniment anciens, si *profonds*, si étrangers à notre vie actuelle, que cette vie nous apparaît pendant quelques instants comme quelque chose d'irréel ou de convenu... C'est donc bien une réalité plus *profonde* que le drame est allé chercher... » (p. 164-165).

die, s'attachant au type, procède d'une observation qui s'arrête et doit s'arrêter à cette « enveloppe des personnes » que le drame volcanique fait éclater et que le drame corrosif désagrège (1).

Laissons de côté les difficultés proprement philosophiques que soulèvent « la profondeur » et ses rapports à l'individualité. Il s'agit simplement de savoir si la description du drame dans *Le Rire* conduit à celle de la comédie sous l'action d'une logique rigoureuse ou d'un postulat contestable.

Tout se passe comme s'il était évident que le type est « une moyenne d'humanité », obtenue « comme toutes les moyennes » par superposition des ressemblances et soustraction des différences. Or, le type n'est pas une idée générale : l'Avare n'est pas l'avarice.

Prenons tous les avares, Harpagon, Grandet, etc.; effaçons les marques individuelles pour ne laisser subsister que les traits communs; il reste ce qui peut tenir dans une définition : « désir excessif d'accumuler », par exemple, comme dit celle de Littré. Quels que soient les développements de l'idée générale ainsi élaborée, ils ne conduiront jamais à la rencontre d'un avare mais à de nouvelles attributions précisant ou nuançant la définition : Larousse parlera du vice qui se plaît à accumuler les richesses « sans en faire usage »; les moralistes ajouteront leurs raffinements, Spinoza montrera comment cette « affection » n'exclut pas d'autres formes de *cupiditas* (2), La Bruyère en cherchera la cause la plus naturelle « dans l'âge et la complexion des vieillards (3) ». L'abstraction a définitivement coupé l'essence de l'existence pour assurer sa généralité et on ne retrouvera jamais une existence au bout d'une telle essence.

Tout autre est l'essence dramatique. Continuant à

---

(1) *Ibidem*, p. 173.
(2) *Éthique*, livre III, Définitions des affections, 48.
(3) *Les Caractères ou les mœurs de ce siècle*, ch. XI.

parler comme Bergson, on dira qu'elle est un schéma dynamique (1), en attente d'actions. Se développer, pour elle, ce n'est pas devenir une idée de plus en plus précise mais s'animer en un être de plus en plus concret. Si vague soit-elle, l'esquisse d'un cheval qui se cabre est déjà un cheval qui se cabre : peu importe que, dans le tableau achevé, ce cheval soit noir ou blanc, que son mouvement soit ou ne soit pas exactement semblable à celui du premier coup de crayon. L'esquisse apparaît ainsi entre l'idée générale de cheval et le cheval particulier qui reçoit une existence sur la toile. Avec toutes les différences qui tiennent à la nature des deux arts, l'Avare oscille, comme l'esquisse, entre l'avarice et cet Harpagon que Molière a peint.

Le type est donc un schème qui ne peut se déployer qu'en histoires et il faut bien que sa structure participe à la nature de ce qui le remplira. De là son ambiguïté qui le situe entre l'essence intemporelle et l'existence historique : comme l'essence, il est détaché de l'existence historique, mais, ouvert sur l'existence historique, il ne signifierait rien s'il n'était déjà, en quelque manière, ce qu'il deviendra. Quoiqu'il ne soit plus une personnalité, il est encore un personnage : un personnage en quête de personnalité.

Là où Bergson voit un passage de l'individuel au général, observons plutôt le mouvement par lequel la personne devient personnage en fuyant sa biographie.

L'idée est le produit d'une généralisation qui la projette hors de l'individuel; le type, d'une intensification qui le dessine à la limite de l'individuel : Harpagon est un type non parce qu'il est l'avare moyen mais lorsqu'il apparaît comme l'avare par excellence.

La vie la plus banale est toujours complexe : un homme est ceci puis cela, ou même ceci et cela. Soit un

(1) L'Effort intellectuel, dans L'Énergie spirituelle, Alcan, 1922, notamment p. 172 et 199.

trait si fortement appuyé qu'il semble fixe, tellement renforcé qu'on ne voit plus les autres ou qu'ils semblent être là seulement pour le faire ressortir : il y a bien abstraction, si l'on veut, mais au sein de l'individuel; on ne fuyait pas l'individuel : on le pressait et il s'exténue en se résumant. Harpagon pourrait être avare avec ses domestiques, généreux avec sa femme, prodigue avec ses enfants : non, il est un mari avare, un père avare comme un patron avare, de sorte que, par son avarice, il n'est plus un vrai mari ni un vrai père; il est si pleinement avare qu'il ne peut guère être autre chose; il est alors moins un avare que l'avare et, à ce point, il est davantage l'Avare que M. Harpagon.

L'individu devient typique et si, à la limite, il s'évanouit comme individu, c'est parce qu'il ne peut indéfiniment perdre sa substance historique et conserver sa consistance personnelle. On cherchait ce qu'il y a de plus caractéristique dans un être et non ce qu'il a de commun avec d'autres : il s'est trouvé hors de l'existence concrète par le seul effet d'une simplification grossissante et sans comparaison ni induction.

L'abstraction par simplification et intensification est sans doute bien différente de l'abstraction par comparaison et généralisation. Ceci entraîne une importante rectification des thèses bergsoniennes sur la condition du comique.

Le philosophe du *Rire* a fort bien montré que la sympathie devait disparaître. Mais, quand la sympathie disparaît, que reste-t-il? « L'insensibilité. » « Il semble que le comique ne puisse produire son ébranlement qu'à la condition de tomber sur une surface d'âme bien calme, bien unie. L'indifférence est son milieu naturel. Le rire n'a pas de plus grand ennemi que l'émotion. » Or, qu'est-ce qu'un esprit insensible, sinon une pure intelligence? Bergson ajoute très logiquement : « Le comique exige..., pour produire tout son effet, quelque chose comme une anesthésie momentanée du cœur. Il s'adresse à l'intelligence pure (1). »

Le comique est lié au type, mais le type est une idée générale. Le comique exclut la sympathie, mais la sympathie disparaît au profit de la seule intelligence. Les deux thèses se rejoignent, puisque les idées générales et l'intelligence appartiennent au même monde.

Ici encore, un postulat s'est glissé entre les faits et la thèse, nouant l'apparente logique qui justifie celle-ci par ceux-là.

« Agissez, en imagination, avec ceux qui agissent, sentez avec ceux qui sentent, donnez enfin à votre sympathie son plus large épanouissement : comme sous un coup de baguette magique vous verrez les objets les plus légers prendre du poids, et une coloration sévère passer sur toutes choses (2). » Voilà de justes et fines observations. Mais, quand la sympathie disparaît, pourquoi serait-ce l'indifférence? pourquoi pas l'antipathie?

On projetait *La Bataille du rail* sur l'écran, un bon film de la résistance française. Un soldat allemand est « descendu »; deux cheminots cachent le cadavre sous des pelletées de charbon : hilarité dans la salle. Faut-il parler de « spectateur indifférent »? Est-ce le rire de « l'intelligence pure »? La sympathie ne jouant pas, la haine a spontanément écarté le fait que cet homme peut être marié, père de famille, brave garçon... : elle l'a schématisé en un type : l'occupant. Alors le mort n'est plus qu'un paquet encombrant, sa disparition devient une bonne farce et quoi de plus drôle que ces gestes de jardinier sur une locomotive?

On conçoit fort bien, d'ailleurs, cette petite scène se reproduisant dans une salle de Berlin, mais au moment où l'énorme tank de la Wehrmacht écrase les maquisards mal armés.

(1) *Le Rire*, p. 4-6; cf. p. 9, 142 et 149.
(2) *Ibidem*, p. 5.

L'intensification qui extrait le type de la personnalité historique est beaucoup moins l'effet d'une intelligence purifiée par l'indifférence que des sentiments libérés par la disparition de la sympathie. Abstraction, certes, mais pas celle de l'entendement qui élabore les essences universelles : celle de la passion simplifiant et grossissant ce qui est essentiel à son point de vue.

Toute vision passionnelle est partielle, sinon partiale : là est l'origine de l'abstraction qui est la condition du comique.

Cette abstraction écarte la réalité historique de la personne qui éveille la sympathie, la pitié, l'amour : mais n'est-elle pas naturelle aux sentiments qui se développent précisément lorsque la sympathie, la pitié, l'amour sont refoulés? La haine, le ressentiment, la jalousie créent spontanément ces types propices au comique.

Cela, bien entendu, ne veut nullement dire que les mauvais sentiments ont, seuls, le privilège de la *vis comica*. Ressentiment et jalousie peuvent provoquer de saintes colères et il y a une haine de l'injustice, de l'ignorance, de la sottise. La qualité morale des passions, d'ailleurs, n'est pas en cause : on a bien vu les plus nobles se tromper de victime. Aristophane aime sa patrie; il croit sincèrement que la grandeur d'Athènes tient aux vertus transmises avec la culture par la vieille éducation, justesse du raisonnement, justice du cœur, simplicité des mœurs; la comédie *Les Nuées* va fouetter publiquement les nouveaux maîtres qui corrompent la jeunesse, ces sophistes qui se moquent du vrai et du faux... Ce sont là d'honnêtes intentions. Reste à créer un type. Cet original, mal habillé, qui bavarde dans la rue avec les uns et les autres, ce dialecticien aux airs naïfs, ce bohème qui joue à l'inspiré, quel homme de théâtre aurait inventé charlatan plus pittoresque? Et voilà Socrate dans la corbeille ridicule d'où « il regarde de haut les dieux (1) »! Et voilà comment aussi les bons sentiments deviennent une mauvaise action et une excellente comédie.

L'excellente comédie, seule, compte ici : elle montre une violente passion en plein travail d'abstraction comique. Que *Les Nuées* reposent sur une erreur de jugement cruellement soulignée par une erreur judiciaire, c'est une autre histoire. De même, on ne se demandera pas si Molière agissait bien ou mal en se vengeant de ses médecins ou si Beaumarchais avait le devoir de pardonner à ses juges : constatons simplement que Molière n'est pas indifférent quand il nous fait rire des médecins, ni Beaumarchais quand il nous fait rire des juges.

Qu'on ne s'étonne plus si les auteurs comiques ne sont pas nécessairement des hommes gais (2).

(1) *Les Nuées*, vers 225-227.
(2) Sainte-Beuve parle de « la mélancolie » de Molière (*Portraits littéraires*, t. II, p. 15) et la femme du comédien Poisson le montre « marchant gravement », « l'air très sérieux » (cité *ibidem*, p. 52). Évoquant ses souvenirs sur Georges Feydeau, Robert de Flers disait : « Il rêvait sans cesse. Il rêvait à la vie, et c'est pourquoi il ne souriait qu'à peine. Ce grand assembleur de joies était un mélancolique. » (Léon TREICH, *L'Esprit de Georges Feydeau*, Gallimard, 1927, p. 15-16.)

CHAPITRE VI

LE MERVEILLEUX

I. — La fonction fabulatrice.

L'imagination décolle de la réalité avec deux départs différents.

Elle efface la réalité de la personne historique, faisant ainsi ressortir le type : telle est la condition du comique et, à cet égard, il ne semble pas y avoir une catégorie distincte du comique qui serait le farce, mais un genre de théâtre comique, la farce, dont le caractère propre doit être précisé par comparaison avec d'autres genres de théâtre comique.

La Belle au bois dormant, le Petit Poucet, Cendrillon ne sont pas des types. Ni le Jupiter gaillard d'Amphitryon ni Ariel, l'esprit aérien de *La Tempête*. L'histoire unique dont chacun est le héros dessine une silhouette physique et morale qui constitue bien une espèce de personnalité. Mais cette histoire ne se passe dans aucun monde réel, ni le nôtre ni un autre.

La séparation du type et de la réalité historique est une abstraction qui peut être comparée à une extraction. La séparation de l'histoire et de la réalité ressemble à la coupe longitudinale détachant la surface peinte du bois dont l'épaisseur semblait pourtant si nécessaire à la consistance et à la solidité de l'image.

Contes de fées, légendes, mythes ont ce caractère

commun qu'une formule banale marque d'un pluriel intelligent : « ce sont des histoires! » Autrement dit : cela n'est pas arrivé et n'aurait pu arriver; le bon sens caché dans le langage sait que l'histoire est toujours singulière. Sans doute, l'enfance rapporte le contenu féerique, légendaire, mythique ou mythologique à un monde extraordinaire et cependant pourvu d'une existence, quoiqu'elle soit sans lieu ni date. Mais le Père Noël n'a pas quitté nos cœurs quand ils ont cessé d'y croire : le fait intéressant est là, dans ce qui survit alors à la crédibilité.

Shakespeare imagine Othello mais en nous demandant d'imaginer avec lui qu'Othello est réel : il imagine Ariel en nous permettant de savoir qu'Ariel est imaginé. Les noms ne manquent pas pour cet imaginaire qui est de l'imaginé à la seconde puissance. Fantastique évoque, par son étymologie, la faculté qui reçoit puis invente les images; fabuleux renvoie aux êtres et à leurs aventures qui naissent de la fantaisie; merveilleux traduit l'impression que produit en nous la fable du seul fait qu'elle est fabuleuse.

Bergson, le premier sans doute, a isolé « la fonction fabulatrice » avec une précision qui intéresse la psychologie de l'art comme l'histoire des religions. Les représentations fantastiques ne peuvent être rapportées à la même faculté d'invention que les découvertes scientifiques : telle est l'intuition qui ouvre et éclaire le second chapitre des *Deux sources* (1). Il y a, certes, invention ici et là : mais la différence est radicale entre le savant qui devine le réel et l'artiste qui ajoute au réel, entre l'invention que la vérification transformera en dévoilement et celle qui, même sous ses formes les plus humbles, est création.

Peu importe ici que la fonction fabulatrice réponde à

(1) *Les Deux sources de la morale et de la religion*, 1932, p. 111.

un besoin vital qui l'oriente d'abord vers des fictions religieuses d'intérêt public. Des mythologies au folklore, du folklore aux légendes, des légendes aux poèmes, aux drames et aux romans, la même faculté s'exerce, de plus en plus désintéressée et, par suite, laissant de mieux en mieux apparaître sa nature, la « faculté de créer des personnages dont nous nous racontons à nous-mêmes l'histoire (1) ».

« Elle est très vivante chez les enfants, remarque le philosophe. Tel d'entre eux entretiendra un commerce quotidien avec un personnage imaginaire dont il vous indiquera le nom, dont il vous rapportera les impressions sur chacun des incidents de la journée (2). » Son « intensité de vie » est telle, chez certains romanciers et dramaturges obsédés par leurs héros, qu'elle devient « une faculté d'hallucination volontaire (3) ». Bien entendu, elle se manifeste dans l'intérêt passionné du lecteur ou du spectateur comme dans l'impulsion de l'esprit créateur. « La même faculté entre en jeu chez ceux qui, sans créer eux-mêmes des êtres fictifs, s'intéressent à des fictions comme ils le feraient à des réalités (4). »

Allons plus loin, jusqu'au cas où ils s'intéressent à des fictions se présentant comme des fictions, sans souci d'éveiller un intérêt comparable à celui qui les porte vers des réalités. Si l'enfant aime à traiter le compagnon de ses songes comme un être réel, ce qui, d'ailleurs, devrait être regardé de plus près, un jour viendra où la chimère le captivera justement parce qu'elle est chimérique. « Dans ses moments de loisir son âme s'occupait avec ravissement à goûter les sensations produites par des circonstances romanesques que son imagination

(1) *Ibidem*, p. 207.
(2) *Ibidem*, p. 208.
(3) *Ibidem*, p. 207-208.
(4) *Ibidem*, p. 208.

était toujours prête à lui fournir (1). » Le ravissement de Fabrice était lié au romanesque perçu comme tel : la fable produit des sensations qui dénoncent son irréalité et dont la saveur ne se confond avec aucune autre.

Qu'est-ce que ce ravissement? Comme dans le cas du tragique, du dramatique, du comique, la perception et la délectation du merveilleux apparaissent dans la vie avant d'être exploitées au théâtre. Une fantasmagorie dans le ciel, une certaine transparence de l'air, ces paysages que « l'œil écoute », la douceur d'une voix, la lumière d'un visage, tout ce qui dans les êtres et les choses s'exprime en musique, n'est-ce point là du réel transfiguré et déjà trop merveilleux pour paraître réel? La sensation et le plaisir que l'âme cherche dans la fable sont sûrement un état très complexe. Qui dit merveilleux fait intervenir l'étonnement : mais toutes les émotions supposent un étonnement ou, comme disait Descartes, l'admiration; la question est donc reculée : d'où vient cet étonnement auquel le fabuleux donne ses couleurs? La plus vive est peut-être due au subtil mélange de joie et de nostalgie que chantent les invitations au voyage, joie d'oublier une existence besogneuse et soucieuse, nostalgie de l'existence antérieure ou future, principe et fin de l'évasion : il est difficile d'échapper à la pensée de l'existence même quand la pensée fuit l'existence. Pourtant une impression domine, qui correspond à la non-existence de la merveille : elle ne signifie rien d'autre que la satisfaction d'une fonction qui s'exerce pour le seul plaisir de s'exercer, le jeu pur de l'imagination qui fabule pour la seule volupté de fabuler.

C'est pourquoi, afin d'isoler la fonction fabulatrice et d'accuser l'originalité de son travail, on la distin-

_____

(1) STENDHAL, *La Chartreuse de Parme*, ch. VIII, texte établi par Pierre JOURDA, Paris, Belles-Lettres, 1933, t. I, p. 186.

guera aussi radicalement du rêve et de la rêverie que
de l'invention scientifique. Elle est la faculté de se
raconter des histoires qui ne sont pas les nôtres, même
lorsque nous y tenons un rôle. La fable ne cesse pas
d'être fable quand je me vois au centre : je sens très
bien la différence entre le héros que je figure dans le conte
et l'homme que je reste quand j'imagine mon avenir,
serait-ce un avenir trop flatteur pour me duper. Une
pièce de M. Jean-Victor Pellerin illustre avec esprit la
première de ces métamorphoses intimes et son titre
la nomme exactement, *Têtes de rechange* (1). Tandis que
le bon oncle Opéku parle du bonheur comme un journal
bien pensant, son neveu Ixe se tourne vers le fond du
théâtre, « là-bas, dans un lieu vague baigné de lumière
irréelle (2) », où se jouent les comédies compensatrices
de la comédie humaine. Rien de commun avec les
scènes plus ou moins confuses de sa vie future qui se
pressent dans la tête de Rastignac quand il jette son
défi à Paris. La fonction fabulatrice est donc créatrice
et créatrice de fables qui se déroulent devant moi,
avec l'objectivité qu'implique ce petit mot « devant ».

C'est cette volonté créatrice et cette objectivité qui
disparaissent dans le rêve et la rêverie.

On abuse du mot « rêve », et pas seulement dans les
romances. Il désigne avant tout un phénomène conco-
mitant du sommeil. Sa psycho-physiologie est complexe et la connaissance exacte de son scénario se
heurte à une grosse difficulté : comment distinguer le
rêve du souvenir plus ou moins reconstruit qui, au réveil,
me permet d'en parler? Quand je raconte mon rêve,
est-ce que je ne l'arrange pas? Je ne sais trop où s'arrête la fonction fabulatrice dans ce qui fut un songe
ni où elle reprend dans ce qui devient le récit d'un songe.

(1) *Têtes de rechange*, spectacle en trois parties, précédé de
Intimité, pièce en un acte, Collection « Le Prisme », Paris, Cal-
mann-Lévy, 1929.
(2) *Ibidem*, p. 65.

Quoi qu'il en soit, celle qui joue dans le rêve est affranchie du je qui raconte et du moi qui écoute; ses histoires ne sont ni celles que je vis, car il n'y a plus engagement du je agissant, ni celles que je projette devant moi pour le plaisir de les regarder, puisqu'il n'y a plus de moi qui regarde. Leur pauvreté, d'ailleurs, montre en elles le produit d'une fabulation à peine créatrice, les déchets d'une imagination sans tension.

Quant à la rêverie, il suffira d'accompagner « le promeneur solitaire » : « ...m'étendant tout de mon long dans le bateau, les yeux tournés vers le ciel, je me laissais aller et dériver lentement au gré de l'eau, quelquefois pendant plusieurs heures, plongé dans mille rêveries confuses, mais délicieuses, et qui, sans avoir aucun objet bien déterminé, ni constant, ne laissaient pas d'être à mon gré cent fois préférables à tout ce que j'avais trouvé de plus doux dans ce qu'on appelle les plaisirs de la vie (1). » Celles-ci représentent l'effort de l'homme pour vivre sans effort; elles effacent les contours des choses qui sollicitent l'action; elles dépeuplent la terre ou la peuplent d'ombres sans volontés qui nous résistent; elles ont pour fin de laisser le moi à la seule volupté de se sentir exister. Délivré des maux qui blessent et des biens qui inquiètent, l'âme ne retient des sensations que leurs caresses et son existence glisse avec une aisance qui la ravit.

Même quand elle « se nourrit d'agréables chimères (2) », la rêverie a pour fin cette exaltation du moi et non l'intérêt que peuvent éveiller les chimères. Quand je me raconte des histoires et quand j'écoute celles du romancier ou du dramaturge, mon attention est tournée vers la fable qui se déroule devant moi. La rêverie est une évasion à l'intérieur de soi-même; souvent, les fables

_____

(1) *Les Rêveries d'un promeneur solitaire*, 5ᵉ promenade, « Les Classiques verts », texte établi et annoté par Pierre Grosclaude, Paris, les Éditions nationales, p. 418, col. 2.
(2) *Ibidem*, p. 421, col. 1.

qu'elle brode ne sont qu'un embellissement de mon passé ou de mon avenir, mais, que j'y figure ou non, elles sont là pour protéger ma solitude et empêcher la vie de troubler une âme qu'effleure l'existence pure. Au contraire, le sentiment du merveilleux m'attache à des personnages qui sont autres que moi, même si l'un d'eux emprunte mon visage. Le sultan ne pense plus à faire mourir Shéhérazade : en l'écoutant, il s'oublie lui-même et ceci pendant mille et une nuits. La rêverie simule une libération : c'est le mot « captiver » qui exprime la réussite de la fonction fabulatrice.

Ainsi préservé des résonances qu'il doit au voisinage du rêve et de la rêverie, irréel cesse de signifier flou, brumeux, indistinct. Le merveilleux, au contraire, unit à l'irréalité des êtres la précision de leurs formes. Telle est la leçon des peintres comme Watteau, dont le regard ouvre derrière la nature un horizon chimérique. De même, la vision « fiévreuse (1) » du grand Meaulnes donne à « la fête étrange » dans « le domaine mystérieux » cette netteté dans la finesse du trait qui reste le secret de la gravure.

La fable, quoique Nietzsche l'appelle rêve, est bien ce monde des formes où règne l'esprit apollinien. « La faculté de se représenter les hommes et toutes les choses comme de purs fantômes, des images de rêve (2) », voilà ce que nous admirons chez les Grecs dans « la précision et la sûreté de leur vision plastique, unies à leur évidente et sincère passion de la couleur (3) ». A condition toutefois de ne pas voir dans cette pureté des lignes un réalisme de l'apparence et de ne plus opposer la précision des contours au mystère de la

---

(1) Alain FOURNIER, *Le Grand Meaulnes*, 1ʳᵉ partie, ch. XIV, Paris, Émile-Paul, 1913, p. 94 : « ...cette fête où tout était charmant, mais fiévreux... »
(2) NIETZSCHE, *L'Origine de la tragédie*, trad. MARNOLD et MORLAND, Mercure de France, p. 27.
(3) *Ibidem*, p. 34.

musique. Claude Lorrain et Claude Debussy nous l'ont
appris, la lumière cerne de mystère les contours qu'elle
précise : c'est même alors que les êtres et les choses
deviennent merveilleux.

II. — Tragique et merveilleux.

Ce qui est mystérieux dans le merveilleux tient au
contraste entre la précision des formes et l'irréalité des
êtres; ce qui est mystérieux dans le tragique tient à la
réalité de la présence transcendante qui mène le jeu :
aucune confusion n'est donc possible entre le merveilleux et le tragique à la faveur de leur mystère.

La distinction entre le tragique et le merveilleux
doit être d'autant plus fortement soulignée qu'il est
facile de ne point la voir : ici et là, il y a transcendance,
ici et là, cette transcendance requiert une expression
poétique. Alors?

Le merveilleux, en effet, double le monde visible d'un
autre monde qui doit être vu et plus que visible. Il y
a donc, d'un côté, des êtres auxquels nous ne croyons
peut-être pas mais qui ont la forme sensible des êtres
auxquels nous croyons, hommes, bêtes et choses, de
l'autre, des puissances dont le rôle est de transcender
le naturel et tous ces êtres que le conte prend dans la
nature. Les puissances magiques qui déchaînent la
tempête sont transcendantes par rapport à la mer, au
vaisseau, à l'équipage.

Mais cette transcendance est fantastique et d'elle,
justement, viendra le ton fantastique de *La Tempête*, où
souffle une tempête de féerie. Celle du *Roi Lear* est une
tempête de tragédie, car les dieux sont là, qui affolent
la nature et l'esprit.

Quand elle est réelle, la transcendance crée le tragique;
quand elle est irréelle, le merveilleux.

Dans les deux cas, elle exige, en tant que transcendance, une incantation.

Que les dieux ou les fées, les démons ou les génies soient la personnification de forces naturelles ou la matérialisation de puissances spirituelles, le merveilleux contraint le dramaturge à se servir du sensible pour évoquer une réalité qui le dépasse. Et cette évocation ne peut être que le miracle de la poésie, dans tous les modes d'expression qui collaborent à la représentation comme dans le texte. « L'œil du poète qui roule dans un beau délire, il court du ciel à la terre et de la terre au ciel; et comme l'imagination prête un corps aux choses inconnues, la plume du poète leur donne une figure et assigne à ces bulles d'air un lieu dans l'espace et un nom (1). »

Sans poésie dans les paroles, dans la musique, dans la traduction scénique, le merveilleux n'émerveille pas : alors, les dieux de l'Olympe, dans leur carnaval mythologique, ne savent que faire de leur divinité usagée; les meilleures familles de l'antiquité héroïque ressassent des airs trop connus; les anges et les diables deviennent vite des symboles bêtifiants; les allégories frissonnent, regrettant la chaleur communicative des banquets.

Dans le tragique, cependant, la poésie évoque la présence d'une transcendance réelle : sa fonction est même d'imposer la réalité de la transcendance. La poésie de Claudel, soutenue par celle des chants liturgiques et des jeux de lumière oblige, par leur magie, l'incroyant à croire que le miracle de *L'Annonce* n'est pas une opération magique.

(1) *Le Songe d'une nuit d'été*, acte III, scène V, éd. et trad. M. CASTELAIN, Collection bilingue, Aubier, 1943, p. 183 :

> *The poet's eye, in a fine frenzy rolling,*
> *Doth glance from heaven to earth, from earth to heaven;*
> *And as imagination bodies forth*
> *The forms of things unknown, the poet's pen*
> *Turns them to shapes, and gives to airy nothing*
> *A local habitation and a name.*

Dans le merveilleux, la poésie évoque la présence d'une transcendance irréelle : sa fonction est alors d'en imposer l'irréalité en dépit des présences trop réelles qui la manifestent. Des vers délicieux, la légèreté du ton et la grâce des mouvements, la fantaisie des costumes, la musique en écho dispensent Puck de rappeler, à la fin du *Songe d'une nuit d'été*, que nous quittons des ombres.

Il est difficile de croire à l'existence de ce que nos yeux ne voient pas. Il est difficile de ne pas croire à l'existence de ce que nos yeux voient. De là, deux missions contraires de la poésie, l'une pour imposer, l'autre pour refouler le consentement à l'existence. Ainsi, dans le même chef-d'œuvre, l'air ensorcelé de la flûte enchantée nous transporte au pays des merveilles, mais par la beauté tragique de son chant, le chœur des prêtres célèbre et opère la pentecôte de la Vérité.

La transcendance cesse d'être tragique en cessant d'être réelle. C'est pourquoi, si le tragique ne se distinguait pas du merveilleux, cela signifierait non que le merveilleux est devenu tragique mais que le tragique s'est évanoui dans le merveilleux.

Sans doute nous paraît-il assez naturel d'admettre, au contraire, que le tragique puisse être merveilleux et le merveilleux, tragique. Nous oublions que la transcendance implique deux termes, celui qui transcende et celui qui est transcendé : or, l'un ne peut être réel ou irréel sans que l'autre le soit aussi. Une puissance irréelle ne peut agir dans un monde réel ni une puissance réelle dans un monde irréel.

Lorsque Prospero raconte sa vie à Miranda, nous écoutons le père et la fille comme s'ils existaient : dès qu'il s'entretient avec Ariel, une autre lumière éclaire la scène et tout devient fabuleux, à commencer par Prospero. Au moment où l'esprit aérien descend dans « ce monde », « ce monde » s'évanouit. Inversement, si je prête l'existence à Athalie, il faut que je la prête au Dieu sans laquelle l'existence d'Athalie ne serait pas tragique.

Mais, dira-t-on, Apollon réclame la purification de Thèbes où règne Œdipe, Tirésias sait ce que l'on pense dans l'Hadès, le chœur implore Zeus : cette mythologie, produit de la fonction fabulatrice, ne relève-t-elle pas du merveilleux?

Non, car pour le poète comme pour ses personnages, la fable est liée à l'affirmation d'un ordre transcendant, tragiquement réel. Que le spectateur grec croit ou non à l'existence d'Apollon, il est sûr qu'Apollon représente une existence et que la divinité est réelle, sinon le dieu.

Mais, dira-t-on encore, les sorcières de *Macbeth*... Par elles existe une puissance terriblement réelle qui conduit l'action, transforme Macbeth en possédé, lady Macbeth en somnambule et le crime en fatalité. Le merveilleux prête une figure grimaçante au transcendant (1).

La relation de la fatalité à Œdipe est si vitale que l'irréalité du premier terme entraînerait celle du second : si Apollon châtiant Œdipe n'est pas plus réel que Jupiter séduisant Alcmène, Œdipe pris dans sa relation au dieu courroucé n'est pas plus réel qu'Alcmène prise dans sa relation au dieu trop bienveillant. De même, il faut que les sorcières de *Macbeth* existent dans le monde même où existent leurs victimes, monde barbare où un roi est un personnage sacré et le régicide un sacri-

_____

(1) Cf. GORDON CRAIG, *De l'art du théâtre* : « Nous voyons le Dieu Fort symbolisé par trois sorcières, jeter deux humains sur son enclume et les écraser, parce qu'ils ne furent pas d'un grain assez dur pour résister, les consumer parce qu'ils ne purent endurer la flamme » (p. 257). William ARCHER disait aussi de Macbeth : « Un simple outil dans les mains des sorcières et de cette quatrième et plus sinistre sorcière, sa femme, il agit contre sa volonté réelle... Il est hypnotisé par les sœurs magiciennes et agit sous la suggestion de l'enfer. » (*Study and stage*, Londres, 1899, p. 125.)

lège, où l'imagination est hallucinée par ses images et la nature comme imprégnée de surnaturel.

Si le héros existe, tout ce qui le rend héroïque existe avec lui. La définition même du tragique interdit sa transposition dans l'irréel. Les flûtes enchantées et les tapis volants ne sont pas des accessoires de tragédie.

Ce qui peut tromper, c'est que le drame subsiste dans la fable.

La mort joue son rôle dramatique dans le conte du *Petit chaperon rouge* ou dans la fable du *Loup et l'agneau*. Les personnages du monde irréel meurent dans la mesure où ils vivent : dans cette mesure aussi, le merveilleux n'exclut pas le drame. Les légendes les plus roses à leur dénouement s'y acheminent volontiers en multipliant les épisodes pathétiques. Les mauvais génies ont même pour principale occupation de menacer les humains dans leurs amours et dans leur vie; les bons génies, celle de déjouer les ruses mortelles.

Réelle ou irréelle, la vie porte en elle le danger de mort et la fable ne saurait transposer l'une sans l'autre. Quand M. Jules Supervielle fait monter Shéhérazade sur la scène, la diseuse de contes merveilleux et pathétiques est elle-même l'héroïne d'un conte qui ne serait ni merveilleux ni pathétique si la mort n'était au bout de la nuit.

Il n'est pas nécessaire de croire à leur existence pour suivre avec émotion des aventures où la victoire sur la mort sera justement ce qu'elles ont de plus pathétique.

Ni pour être sensible à leur moralité, car le merveilleux peut avoir une signification morale en même temps que dramatique, ce qui est tout autre chose qu'une signification tragique. Ne voyons dans les malheurs d'Œdipe qu'une fable. Le drame survit au tragique; la mort de Laïos, la mort de Jocaste et cette espèce de mort au monde visible que se donne le Roi produisent

le même frémissement et illustrent les mêmes vérités :
nul mortel ne peut se vanter de son bonheur avant son
dernier jour, une prospérité trop audacieuse attire la
foudre... Mais la loi du destin n'est alors pas plus transcendante que les Olympiens de l'imagerie mythologique;
elle exprime une leçon qui tire toute sa valeur de l'expérience humaine : la justice des dieux est devenue
sagesse des nations.

La distinction du tragique et du merveilleux est
particulièrement délicate dans la vision chrétienne du
monde.

Un premier point de vue sera écarté. Je ne crois
pas au Dieu de Claudel, donc *L'Annonce faite à Marie*
est une fable : très précisément, comme le montre son
troisième acte, un conte de Noël, un très beau conte,
d'ailleurs, dont je goûte la poésie et la saveur médié-
vale. Dans cette perspective, pour le non-chrétien, il
n'y a jamais de tragédie chrétienne, il n'y a que du
merveilleux chrétien.

Mais nous sommes au théâtre : il ne faut donc pas
commencer par en sortir afin de se demander si, pris
en dehors de *Polyeucte* ou de *L'Annonce*, Dieu existe
ou n'existe pas; autrement dit, ce n'est pas le moment
de m'interroger sur ce que je pense de Dieu. Le théâtre
me demande un acte de foi qui m'engage comme spectateur devant la scène et non comme homme dans le
monde : c'est le seul qu'exige le tragique chrétien pour
ne pas s'évanouir dans le merveilleux.

Un enfant mort ressuscite dans les bras de « la jeune
fille Violaine » et ses yeux noirs sont devenus bleus
comme ceux de sa seconde mère. Pour être sensible à
la tragique et liturgique beauté de la scène, il n'est pas
nécessaire de croire en Dieu ni à la possibilité d'un
pareil miracle : il suffit de croire comme si Dieu existait et comme si le miracle était réel. Ce qui est en
cause, ce n'est pas la foi du poète, mais son génie

dramatique : la présence de ses personnages s'impose-
t-elle avec la plénitude de l'existence?

Violaine existe puissamment, et aussi cette Mara sauvage, leurs parents, le bâtisseur d'églises, le peuple qui
attend son roi, et la maison, et les champs qui sont
derrière la porte. Point de diables cornus, point d'anges
aux longues ailes, même quand leur chant ravit l'âme
de Violaine (1). Nous sommes sur la terre, avec des
hommes et des femmes qui vivent sur la terre. Or, Dieu
existe pour ces gens et, puisque ces gens existent pour
moi, le Dieu qui existe pour eux existe pour moi. Si
j'entre dans le jeu qui leur prête une existence réelle,
je dois les prendre tels qu'ils sont et aucun, sans Dieu,
ne serait ce qu'il est : Pierre de Craon ne serait pas
« un père d'églises », ni Anne Vercors, un pèlerin de
Jérusalem, ni Violaine, une sainte, et Mara elle-même
ne porterait pas son enfant mort à la lépreuse. Alors
l'athée oublie son athéisme; l'agnostique, sa prudence,
et beaucoup de chrétiens, leur réserve devant les faits
extraordinaires : le poète les oblige à croire non au
miracle mais en Violaine qui croit au miracle, non en
l'existence de Dieu mais en celle de Violaine qui croit
en l'existence de Dieu.

Pour le non-chrétien comme pour le chrétien, *L'Annonce faite à Marie* est une tragédie, non un conte de
fées où les fées s'appelleraient Dieu.

Les Sarrasins arrivent, pillent, tuent, démolissent. Le
vieux sonneur Melchior et Dame Cloche supplient les
pierres de l'église, les invitant à fuir. Seules répondent
à leur appel les statues d'un chèvre-pied, du sage Salo-
mon et d'Abisag, la Sunamite qui fut la dernière

(1) Acte III, scène III, p. 146 : « Voix des Anges dans le ciel,
perçue de la seule Violaine », et p. 148 : « Voix des Anges, entendue de la seule Violaine, comme précédemment. » Il ne s'agit pas
d'une matérialisation objective, comme le serait celle d'un ange
conversant avec les divers personnages : la musique rend sensible ce qui se passe dans l'âme de Violaine.

compagne du roi David. La petite troupe se met en marche; que de tentations au cours du voyage! Mais il suffit de quelques entêtés dont le courage est soutenu par une foi qui ignore les limites du raisonnable, et l'église tout entière sera sauvée. Un sonneur et sa cloche, l'ingénuité de la nature, la sagesse d'un vieux roi, l'innocence de la vertu, il n'en faut pas davantage pour élever la vie de l'esprit au-dessus des plus grossiers triomphes. Lorsque nos cinq voyageurs arrivent à ce bout du monde où l'église peut être rebâtie, voici que les pierres, hier endormies, traversent l'espace... Telle est *Abisag ou l'Église transportée par la Foi*, belle histoire que M. Alexandre Arnoux raconte dans un de ses romans où M. Pierre Barbier l'a prise et recréée pour la scène (1).

Une cloche qui parle, des statues qui marchent, des pierres qui volent... nous ne sommes plus dans la grange de Combernon, son style serait-il celui d' « un Moyen Age de convention ». Il est entendu que nous avons renoncé au réel, à ses résistances et à ses sciences : ici, le miracle est la loi, de sorte qu'il n'y a plus ni lois ni miracles; surnaturel et naturel se détruisent mutuellement pour laisser la place au merveilleux.

Merveilleux chrétien... Mais Boileau nous arrête. Les thèmes chrétiens peuvent-ils inspirer des féeries ou des farces, comme ils inspirent des tragédies ou des drames? Non, dit l'auteur de *L'Art poétique*. Deux raisons, semble-t-il, justifient son opinion.

« De la foi d'un chrétien les mystères terribles » excluent tout ce qui risquerait d'affaiblir le mystère en le faisant apparaître moins terrible.

> *L'Évangile à l'esprit n'offre de tous côtés*
> *Que pénitence à faire et tourments mérités* (2).

(1) La première version a paru dans *Esprit*, 1937; la version définitive a été représentée, en 1947, par la compagnie *Les Crispins*, au Concours des jeunes compagnies.

(2) *Art poétique*, chant III, vers 199 *sq.*

Cette « bonne nouvelle » éteint l'étoile qui conduit les bergers vers une étable où le sourire d'un enfant bénit leur bon vouloir. C'est donc le pessimisme chrétien qui, dans l'*Art poétique*, s'oppose au « fabuleux chrétien». On introduit alors, dans une question intéressant l'art chrétien, une idée très étroite du christianisme qui, même si elle était fondée en droit, se heurterait, en fait, à toute l'histoire de l'art.

La seconde raison pose le problème sous son vrai jour. Boileau ne manque pas de nous rappeler que « songe » rime avec « mensonge » (1) :

> *Et de vos fictions le mélange coupable*
> *Même à ses vérités donne l'air de la Fable* (2).

Ce qui, pris à la lettre, est exact. En résulte-t-il nécessairement que la vérité cesse d'être perçue comme vraie sous un air de fable? Ce serait grave : comment laisser leur vérité aux thèmes de la création et du péché dans le récit de la Genèse s'ils la perdent dans *Le Jeu d'Adam*?

Une confusion entre réalité et vérité semble bien être la seule cause de la difficulté entrevue par Boileau.

Le jeu unit deux termes, l'un qui est transcendant, l'autre qui est transcendé : Dieu, qui est en haut, et en bas, une cloche qui parle, des statues qui marchent, des pierres qui volent. Comme précédemment, il ne s'agit pas de savoir si je crois ou non en l'existence du Dieu qui habite le sanctuaire de Melchior le sonneur, mais de constater ce que le poète a voulu faire et ce qu'il a fait. Or nul doute que son histoire ne soit une fable; si le texte et la mise en scène ont ce charme qui éveille le sens de l'irréel, j'entre dans le jeu qui, cette

(1) *Ibidem*, vers 235-236.

> *Et, fabuleux chrétiens, n'allons point, dans nos songes,*
> *Du Dieu de vérité, faire un dieu de mensonges.*

(2) *Ibidem*, vers 203-204.

fois, consiste à ne pas envisager même la possibilité des aventures et de leur dénouement. Bien sûr, comme dans *L'Annonce*, Dieu existe pour les personnages du conte, mais il existe pour des personnages qui n'existent pas. Chrétien ou non-chrétien, je prête la réalité au Dieu de Violaine dans la mesure où, spectateur conquis, je prête la réalité à Violaine. Chrétien ou non-chrétien, je ne saurais prêter de réalité au Dieu d'Abisag si, spectateur docile, je ne prête aucune réalité à la pierre animée d'Abisag. L'église volante, dans la pièce de M. Pierre Barbier, n'est pas moins fantastique que le palais volant dans la *Shéhérazade* de M. Jules Super-vielle. Le merveilleux exclut le réel du côté de la transcendance comme du côté du transcendé.

Mais la vérité est autre chose que la réalité. Un loup et un agneau qui parlent n'ont aucune réalité; cela ne change rien à la vérité qu'illustre la fable : « La raison du plus fort est toujours la meilleure. » Il y a merveilleux chrétien quand le merveilleux illustre une vérité chrétienne : ainsi les six actes d'*Abisag* représentent des variations fantastiques sur le thème évangélique de la foi qui transporte les montagnes. Deux et trois font cinq, disait Descartes, que je rêve ou que je sois éveillé; l'irréel n'est pas incompatible avec le vrai : de même, les songes des poètes ne sont mensonges qu'à la faveur d'un faux sens et il arrive que leur transparence laisse passer la lumière.

Vivant de transcendance et de poésie, capable de sauver le dramatique, la féerie peut devenir un équivalent de la tragédie dans une vision poétique du monde où la transcendance reste pure émotion : aucune foi ni aucune raison n'ont ici la force de donner à la transcendance la consistance du réel, mais l'esprit ne renonce pas à la poésie de sa présence.

Au mystère qui n'ose plus affirmer sa transcendance tragique survit le mystérieux vibrant dans le merveilleux.

Les dieux s'en vont, mais l'appel qui les fit venir est encore sensible au cœur.

Dieu est mort, mais ce qui lui donnait la vie est encore vivant.

Entre un positivisme qui nie l'invisible et une religion ou une métaphysique qui en affirme l'existence, il y a le regard qui s'arrête aux reflets de l'invisible dans le visible. C'est vraiment *L'Intermezzo* (1).

Jamais la Comédie des Champs-Élysées n'avait mieux mérité son nom qu'en ce jour de mars 1933 où Louis Jouvet présentait *L'Intermezzo* de Jean Giraudoux. Les Champs-Élysées sont ici aux confins du Limousin. Le bourg n'est pas tout à fait réel, ni ces deux vieilles filles qui connaissent les secrets de tous les cœurs, ni ce droguiste volontiers métaphysicien, ni ce contrôleur des poids et mesures au cœur débordant d'amour et de poésie. A quelques pas du bourg, il y a un étang et cet étang tient à un autre monde : un spectre hante ses rives, en quête d'âmes assez pures pour l'entendre. Justement, la plus pure règne dans la prairie qui s'étale entre les dernières maisons et l'étang. Isabelle est fille de la terre et des eaux; elle ne connaît du ciel que ses reflets à la surface de l'onde, mais, comme elle aime ces images tremblantes, elle jouit d'une grande innocence. Institutrice, elle fait la classe en plein air; elle enseigne l'astronomie avec des étoiles jetées sur l'herbe; son ignorance des règlements

---

(1) Giraudoux, en fait, voyait dans sa pièce un « intermède » entre sa *Judith* et un *Brutus* qui n'est pas venu. Sur le côté « farce » ou plus exactement « comédie italienne » de la pièce, voir Paul BLANCHART, *Survivances d'une tradition*, dans *Théâtre*, 4ᵉ cahier, *Une tradition théâtrale, De Scaramouche à L. Jouvet*, p. 268-270. Sur l'attitude métaphysique et religieuse de Giraudoux, voir Gunnar HØST, *L'Œuvre de Jean Giraudoux*, Oslo, 1942, p. 114-117 et 218; en particulier, parlant de « l'humanité de Giraudoux », il écrit très justement : « L'air épais de la religion et de la philosophie a été remplacé pour elle par une atmosphère mille fois allégée où flottent de vagues intuitions » (p. 114).

est un don de la nature; apôtre sans le savoir de l'école active et de la méthode intuitive, Isabelle laisse chanter son cœur et c'est la leçon de morale : il faut aimer les fleurs et les oiseaux qui ne sont pas en cage, le monde est beau...

Trop beau pour être réel. C'est bien cela qui irrite l'Inspecteur. Inspecteur de quoi? Des écoles, sûrement et, semble-t-il, un peu aussi de la police : très exactement, il fait la police dans l'école et l'école sur le forum, au nom d'une Raison administrative qui verbalise la poésie, l'amour, le mystère.

Les historiens ne manqueront pas de rapprocher la morale selon Isabelle et la morale selon Bergson; le philosophe sera sans doute considéré comme la « source » de ces charmants propos où l'« aspiration » remplace la « pression ». Plus subtil sera l'exégète qui, allant plus loin, saura commenter les relations d'Isabelle avec le spectre en relisant les belles pages des *Deux Sources de la morale et de la religion* sur les images grâce auxquelles la fonction fabulatrice ôte à la pensée de la mort ce qu'elle peut avoir de déprimant : « Les animaux ne savent pas qu'ils doivent mourir... Mais avec l'homme apparaît la réflexion... Constatant que tout ce qui vit autour de lui finit par mourir, il est convaincu qu'il mourra lui-même... Cette conviction vient se mettre en travers du mouvement de la nature... Mais la nature se redresse aussitôt. A l'idée que la mort est inévitable elle oppose l'image d'une continuation de la vie après la mort. » Image nécessairement grossière, un double visible et pourtant sans épaisseur du corps : « Le primitif n'a qu'à se pencher sur un étang pour y apercevoir son corps tel qu'on le voit, dégagé du corps que l'on touche (1)... »

Ainsi naissent les spectres de la surface des eaux.

_____

(1) *Les Deux sources...*, p. 135 à 137 et p. 139.

Mais comme Isabelle est une belle jeune fille, le spectre est un beau jeune homme.

Isabelle accueille le spectre comme tout ce qui vit. Car le spectre vit, le spectre est de la vie qui refuse de ne plus vivre. L'Inspecteur préposé à l'expulsion du surnaturel s'en aperçoit; il met à l'affût deux bourreaux honoraires avec mission de tirer dès que l'ombre prononcera le mot « vivant » : mais un jeune sapin se dresse à la place brusquement quittée par le visiteur invisible, tandis que les balles se perdent dans l'espace vide. L'Inspecteur tombe en pleine féerie!

Féerie dramatique où les notes graves dessinent ce que l'on n'ose appeler un problème (1).

Ce désir de sauver la mort est-il en Isabelle goût de la mort? Jean Giraudoux dit, au contraire, que la vie la plus librement épanouie se dilate jusqu'à inclure son contraire. Aller jusqu'au bout de la vie, n'est-ce pas aller jusqu'à ce terme où cesse même un nom, où « mort » n'est plus qu'un mot vide? Aimer la vie dans sa plénitude, n'est-ce point sentir sa vertu essentiellement « poétique », si puissamment créatrice qu'elle vivifie les ombres?

Réconcilier la vie et la mort, telle est la volonté spontanée d'une fille de la nature. Mais saura-t-elle? Le jeu est dangereux. Si la vie est l'ensemble des forces qui résistent à la mort, la mort ne serait-elle pas un ensemble de forces qui résistent à la vie? Un vivant peut-il fréquenter un mort? Il y a une tentation du spectre. Mais l'amour veille. Et la féerie s'achève en comédie.

Le contrôleur des poids et mesures révèle à la jeune fille la signification métaphysique du fonctionnaire

(1) « D'un autre que de Giraudoux, disait M. René Lalou, on écrirait qu'il aborde dans *Intermezzo* le problème de la mort. La difficulté pour le critique... vient de ce que les problèmes demeurent les seuls fantômes dont Giraudoux nierait l'existence ». (*Les Nouvelles littéraires*, mars 1933.)

français : il est l'homme dont chaque jour réalise la réconciliation de la vie et de la mort, de sous-préfectures en préfectures son destin le conduit à Paris suivant des zigzags discrètement méthodiques; avec lui, ce ne sont pas les ténébreuses promesses du spectre, mais une harmonieuse combinaison de départs et de haltes, de certitude et d'imprévu, de diversité géographique et d'unité historique...

Intermezzo n'est pas une tragédie. C'est une promenade dans une prairie; à gauche, il y a la forêt; au fond, un étang; des enfants rient et gambadent; un homme d'esprit s'étend sur l'herbe et nous raconte une histoire dont la moralité est claire : il ne faut pas que les fantômes nous tuent avec l'heure... Mais voici qu'elle continue : et pas davantage qu'en chassant brutalement les fantômes, un rationalisme suffisant refuse tout message de l'invisible. La poésie est dans le monde, autre nom d'un mystérieux qui ne se précisera jamais en mystère devant la raison ou la foi et qui porte dans le merveilleux comme un souvenir du tragique.

« Comédie sur la mort » (1), le conte dramatique de Jean Giraudoux montre comment le sens tragique de la vie peut n'être pas perdu lorsque la vie refuse le tragique avec la présence réelle d'une transcendance réelle : *Intermezzo* ou le mystérieux sauvé par la grâce du merveilleux.

III. — DU MERVEILLEUX SCIENTIFIQUE.

Le théâtre du xxe siècle ne peut éviter une question : les merveilles de la science sont-elles merveilleuses?

Non, si elles sont de la science.

Des images qui s'agitent sur une toile, des machines qui volent, une voix qui sort d'une boîte... ces faits

(1) Gunnar Høst, *ouvr. cit.*, p. 95.

seraient merveilleux pour un esprit ne disposant d'aucun cadre intellectuel ou pratique pour les penser comme naturels ou tout-naturels. Ce n'est pas, bien entendu, le cas de l'ingénieur qui sait comment sont agencés les mécanismes produisant ces merveilles; ni du profane qui sait simplement qu'elles sont produites par des mécanismes : la science ou la foi en la parole du savant les rapportent à la nature telle que la physique la définit à chaque époque. Ce n'est pas non plus le cas du petit enfant qui, n'ayant pas encore une représentation assez nette de la nature pour en apercevoir les frontières, laisse se former en lui une représentation confuse et purement pratique du tout-naturel; dans une famille où le poste de T. S. F. annonce les informations à chaque repas, ses possibilités magiques sont usées avant d'avoir été perçues.

Un fait ne peut être à la fois scientifique et merveilleux. S'il est scientifique, il cesse de passer pour merveilleux. Ajoutons : s'il est merveilleux, il ne saurait se faire passer pour scientifique.

On pourrait être tenté de dire : le sous-marin était merveilleux dans *Vingt mille lieues sous les mers*, il ne l'est plus aujourd'hui, tandis que le boulet du voyage dans la lune l'est encore. Ce serait oublier que l'art de Jules Verne fut de raconter des histoires merveilleuses comme si elles ne l'étaient pas. Il a même si bien réussi que ses lecteurs le prennent volontiers pour un précurseur.

En fait, ses romans relèvent uniquement de la fonction fabulatrice et en aucune manière de cette imagination qui invente les hypothèses scientifiques : leur cas illustre parfaitement la distinction soulignée par Bergson (1). Les savants et les ingénieurs dont les travaux ont permis la construction du sous-marin n'ont pas, sauf erreur, commencé par étudier les œuvres de Jules

(1) Plus haut, p. 164.

Verne afin d'améliorer ses projets ou même d'y trouver d'instructives erreurs. Ceux-ci ne représentent pas une étape imparfaite de la science : ils sont en marge et le nom de leur auteur ne figure dans l'histoire d'aucune science ni d'aucune technique mais dans celle de la littérature romanesque.

Les romans de Jules Verne sont des contes de fées sans fées; le génie remplace les génies et son audace, leurs sortilèges : déguisés en savants, les héros qui préfigurent nos inventeurs ne sont que des magiciens, la machine volante est tout aussi chimérique que le tapis volant si le mécanisme qui la fait voler est une espérance ne portant en elle-même aucune possibilité de vérification. Mais il suffit que le merveilleux cesse d'en avoir l'air pour cesser de l'être. Nul doute qu'après les contes de Perrault, ceux de Jules Verne ne donnent à l'enfant l'impression d'entrer dans le monde réel, celui de demain ou d'après-demain : le voyage dans la lune, à ses yeux, est une anticipation mais non les prouesses du chat botté; pourtant, l'homme n'est pas encore allé dans la lune tandis qu'il a chaussé les bottes de sept lieues.

Une pièce jouée à Paris en mars 1947 a très heureusement mis en lumière le problème du merveilleux scientifique que posent les prodigieux développements de la science contemporaine. *L'Immaculée* de M. Philippe Hériat a, en effet, la valeur d'une expérience.

Il existe une parthénogénèse naturelle et une parthénogénèse réalisée dans les laboratoires. Le dramaturge ajoute hardiment : « La distance est courte entre le puceron et l'homme. » Cette petite phrase n'est pas une boutade mais le principe qui déclenche le drame, le drame inédit de la mère sans collaborateur et de la fille sans père.

Jamais aucun laboratoire n'a produit une Évelyne et rien ne permet de supposer qu'une telle réussite soit imminente. Il s'agit donc d'un événement qui est, à la lettre, extraordinaire dans l'état actuel de la science.

C'est une anticipation qui relève de la fonction fabulatrice, si sérieuse que puisse être l'information qui a excité et qui soutient l'imagination du dramaturge. Cette liberté que prend l'artiste, inutile de le dire, est parfaitement légitime :· la discipline qui s'impose au laboratoire n'a aucun droit sur la scène. Mais pourquoi ne pas appeler merveilleux ce fait qui justement n'en est pas un? C'est ici que le problème se pose.

Les biologistes de M. Philippe Hériat jouent le rôle d'agents surnaturels puisqu'ils sont causes d'un effet qui n'est ni selon l'ordre de la nature tel que nous le connaissons aujourd'hui, ni à la mesure de la puissance humaine telle qu'elle s'affirme à l'époque où la pièce est conçue. Pourtant le climat n'est certes pas celui d'une féerie!

La science, en effet, ne cesse de tenir au réel, même lorsqu'elle nous en donne une représentation sans aucune ressemblance avec notre image quotidienne des choses. Toute découverte « invraisemblable » est un appel d'une réalité mal connue à une réalité mieux connue. Si la biologie réussit un jour l'expérience de « l'immaculée », cette nouvelle vérité reculera immédiatement les limites de « l'invraisemblable ». Si un dramaturge suppose aujourd'hui cette réussite acquise, il doit faire comme si le cas d'Évelyne était un fait, il doit le présenter de tel façon qu'il ne paraisse pas merveilleux, et ceci afin de paraître scientifique. En termes clairs, il est condamné à un strict réalisme.

De là le premier acte de M. Philippe Hériat avec une conférence sur la parthénogénèse, morceau essentiel de l'exposition. De là les multiples interventions du biologiste Ferrié pour nous rappeler, au cours des quatre actes, que la plus belle fille du monde est l'enfant de la science. Plus le fait a une apparence merveilleuse pour le spectateur de 1947, plus le dramaturge, contemporain de l'avenir, doit s'appliquer à lui donner une apparence scientifique. Il faut que la vue des blouses blanches et la précision technique des explications extirpent toute tentation d'écrire un conte de fées. La « tranche de science » est inévitable. Un réalisme rigoureux devient la compensation de ce merveilleux qui n'ose pas dire son nom.

Réalisme, d'ailleurs, qui se réfère à une pseudo-réalité. La vérité scientifique déroule ses conséquences dans le monde réel : de même pour le prodige qui en prend l'apparence. Dans le cas de la parthénogénèse artificielle, l'expérience porte sur des êtres réels, qu'ils soient des humains ou des pucerons. Elle devient alors l'occasion d'un drame psychologique, conforme à son apparence scientifique, contraire à sa nature prodigieuse.

La richesse psychologique d'un conte ne supprime pas le fait que la relation entre les êtres de ce monde et les autres n'est pas et ne peut être psychologique. Andersen avait-il à décrire des réactions d'une jeune fille apprenant que son père est le Roi de la vase et qu'elle fut cueillie dans une rose par une cigogne? Si ı le jeune fille est née d'une manipulation dans un laboratoire, il fraudra bien se demander comment elle prendra la chose, ce que son fiancé en pensera, etc. Une pseudo-vérité conduit à une pseudo-réalité.

Le drame se déroule comme si le dramaturge observait ce qu'en fait il construit. Il peint l'homme tel qu'il sera mais cet homme prend forme dans une action fabriquée à coup de postulats. Même dans l'œuvre d'un fin psychologue comme l'auteur de L'Immaculée. Premier postulat : des savants ont obtenu un résultat inouï; leur découverte opère en biologie une révolution qui dépasse l'imagination ; or, ils n'ont rien dit; pas la moindre communication à une Académie ou dans un congrès! Il faut, en effet, que cette extraordinaire réussite de la science demeure cachée, puisque le drame doit consister dans la révélation à Évelyne de son origine. Second postulat : Évelyne est une femme

parfaitement normale, saine, belle, équilibrée, intelligente : or, la révélation de son origine met son fiancé en
fuite et lui donne à elle-même le sentiment d'être un
monstre. Pourquoi? Oui, vraiment : pourquoi? (1)

Une contradiction intérieure mine le merveilleux
scientifique. S'il est merveilleux, il n'est pas scientifique;
s'il est scientifique, il n'est pas merveilleux. S'il est du
merveilleux sous un camouflage scientifique, la science
introduit le point de vue de la réalité, le merveilleux,
celui de l'irréalité. N'est-ce point une impasse?

(1) *L'Immaculée*, dans : Philippe HÉRIAT, *Théâtre*, I, Gallimard, 1950.

CHAPITRE VII

LES GENRES

I. — Des genres et de leur mélange.

Si le mélange des catégories dramatiques soulève un problème, il a été résolu avant d'avoir été posé.

Le tragique est si intimement associé au dramatique qu'il faut chercher les œuvres où leur séparation le révèle à l'état pur. Comique et merveilleux les rejoignent, tout naturellement, sans théorie.

Laissons de côté la structure de la tétralogie antique où un drame satyrique suit la trilogie tragique, en rapport étroit avec elle (1). Dans la tragédie qui ouvre l'Orestie et qui fut jouée en 458 avant Jésus-Christ, M. Paul Mazon a finement noté « l'insolence naïve » et « la sottise arrogante » d'Agamemnon quand il descend de son char (2). Avec quelle bonhomie solennelle légèrement ridicule il déclare, intimidé par les tapis qui jonchent le sol : « Je veux être honoré en homme, non en dieu (3)! » D'autant plus qu'à la fin de ce beau discours il conclut : « Allons! puisque je me suis laissé

---

(1) Cf. Paul Mazon, Eschyle, t. II, Édition G. Budé, 1925, Notice générale, p. x.
(2) *Ibidem*, p. 5; cf. vers 810 *sq.*, p. 38.
(3) *Ibidem*, vers 925.

vaincre à tes paroles, je rentrerai donc au fond de mon palais en marchant sur la pourpre (1). » Comique serait un mot bien gros pour un léger frottis, et pourtant, si discret qu'il soit, il est là pour faire contraste avec l'horreur de la mort qui guette, au fond du palais.

Une vieille nourrice fait sourire, même quand elle gémit sur la destinée du héros le plus tragique. Paul Claudel ne trahit pas Eschyle :

Mais Oreste, mon petit Oreste! le tourment de mon cœur,...
Et ces cris la nuit qu'il faut savoir comprendre,
Tant et tant de tracas, et rien du tout pour ma peine!
Car ces petits, il faut s'en occuper comme d'un animal...
Car ça ne veut rien dire ces cris d'un enfant au maillot.
Que ce soit la faim, ou la soif, ou le besoin d'uriner...
Tout cela il faut d'avance le deviner, et souvent, il est
*   vrai,*
Je me suis trompée, au dommage des langes,
Car j'étais à la fois nourrice et blanchisseuse (2)...

Si dans l'*Antigone* de M. Jean Anouilh, le garde posté près du cadavre criminel parle de « sauver sa peau », il n'en pense pas moins dans celle de Sophocle. Ce brave gendarme est un personnage de comédie mêlé, bien malgré lui, à une tragédie, et qui n'en est pas fier. Ses bavardages sont fleuris de sentences disant l'indifférence professionnelle des fonctionnaires de la police aux querelles des grands, pour réclamer la réciproque. Crainte et tremblement comiques qui nous rappellent la diversité des conditions et des optiques à l'heure pourtant la plus tragique : le même fait représente pour Antigone une tâche sacrée, pour Créon une affaire d'État, pour la sentinelle de service une sale histoire.

(1) *Ibidem*, vers 956-957.
(2) Paul CLAUDEL, *Les Choéphores d'Eschyle*, p. 40-41; cf. Édition Budé, t. II, vers 749 *sq.*, trad. Mazon, p. 108-109.

Entre deux scènes de farce, un long dialogue oppose dans *Les Nuées* le Raisonnement juste et le Raisonnement injuste :

« *Le Raisonnement juste* : Je te perdrai misérablement.

Le Raisonnement injuste : Dis-moi, en quoi faisant ?

Le Raisonnement juste : En disant ce qui est juste » (1).

Lutte à mort, qui, à peine vingt-cinq ans plus tard, sortira de l'allégorie. Qu'en visant Socrate à travers le Raisonnement injuste Aristophane ait commis une erreur de jugement avant celle du jugement de 399, seule importe ici la sincérité de sa violence, car elle prend un ton qui n'est plus celui de la comédie. Le Raisonnement injuste essaie bien d'y revenir en traitant de « vieilleries » les bienfaits de l'ancienne éducation; mais l'émotion de son adversaire ne le laisse pas continuer : « C'est pourtant avec ces vieilleries-là que les guerriers de Marathon, grâce à mon système d'éducation, furent formés (2)... »

La farce n'est pas encore recommencée.

Le merveilleux est incompatible avec le tragique mais pas avec la tragédie : en fait, il lui a toujours prêté son imagerie, même à celle du pieux Eschyle, lorsque le chœur des Océanides arrive dans un char ailé près du rocher où Pouvoir et Force, en compagnie d'Héphaistos, ont cloué Prométhée. Des épisodes fabuleux n'empêchent pas l'action d'opposer un homme réel, quoique surhumain, à une transcendance réelle, quoique mythologique.

Le drame satyrique est, par définition, un mélange de faits dramatiques et de personnages fantastiques, avec son chœur de satyres qui gambadent comme des boucs et parlent comme des hommes : « tragédie

_____

(1) ARISTOPHANE, *Les Nuées*, vers 899-900, trad. Van DAELE, Éditions G. Budé, t. I, 1923, p. 202.

(2) *Ibidem*, vers 985-986, p. 206.

en la belle humeur », a-t-on dit (1). Après les bouffon-
neries de Silène, voici les cris de douleur d'Ulysse et
l'horreur réaliste de son récit quand il quitte l'antre
du Cyclope : « ...l'infernal cuisinier empoigna deux de
mes compagnons : ...il égorgea l'un sur la panse de
bronze du chaudron; l'autre, le saisissant au bout du
pied par le talon, d'un choc contre la pointe aiguë
d'un quartier de roc, il lui fit jaillir la cervelle. Puis,
abattant les chairs d'un coutelas féroce, il les grilla au
feu, tandis qu'au chaudron, il jetait les membres à
bouillir (2)... » Tout finit bien pour Ulysse, sinon pour
le Cyclope, en un dénouement de conte cruel.

Quoique vivant l'une et l'autre de l'irréel, la poésie
de la féerie et la grossièreté de la farce semblent s'exclure:
Aristophane les unit dans *Les Oiseaux* aussi naturellement que le fera Shakespeare dans *Le Songe d'une
nuit d'été*. Faits qui bousculent l'esthétique classique
réservant le merveilleux aux genres nobles, la tragédie
et l'épopée (3), tant il est vrai que les distinctions
portant sur les genres sont purement abstraites.

Théâtre élisabethain et théâtre espagnol jusqu'à Lope
de Vega n'appliquent aucune théorie spécialement
élaborée pour prescrire ou justifier le mélange des
catégories. Sans doute, la préface de *Cromwell*, celle
que Girolamo Graziani, en 1670, ajoute à son *Cromwell*, prend un ton révolutionnaire pour dire : « la
variété de thèmes joyeux et galants pourra donner
plus de charme aux événements pathétiques et lugubres,
de la même manière que les peintres font paraître et
saillir mieux la lumière à l'aide des ombres »; mais
l'histoire sourit : « Le précurseur inconscient de Victor

(1) EURIPIDE, t. I, Édition G. Budé, Notice de L. MÉRIDIER
en tête du *Cyclope*, p. 9; cf. p. 14-15.
(2) *Ibidem*, vers 396 *sq*. P. A. Touchard cite un texte de François Ogier appelant *Le Cyclope*, en 1628, une « tragi-comédie ».
(*Dionysos*, p. 26.)
(3) René BRAY, *La Formation de la doctrine classique*, p. 231 *sq*.

Hugo... ne faisait que proclamer des audaces universellement pratiquées sur la scène italienne depuis un
demi-siècle (1). »

Si nous ne connaissions la situation particulière du
théâtre en France à cette époque, ce qui serait étonnant, ce serait l'étonnement de Pierre Corneille devant
son *Illusion comique*. « Voici un étrange monstre... »
Pourquoi, grands dieux! « Le premier acte n'est qu'un
prologue, les trois suivants font une comédie imparfaite, le dernier est une tragédie, et tout cela cousu
ensemble fait une comédie. » Son audace enchante le
jeune poète : « Qu'on en nomme l'invention bizarre
et extravagante tant qu'on voudra, elle est nouvelle... »
Trente ans plus tard, le grand Corneille concède que
cette « galanterie extravagante » ne mérite guère examen; pourtant « la nouveauté de ce caprice » le charme
encore et même, mieux que dans la dédicace, il en
analyse ses divers ingrédients, quitte à reconnaître que
« les caprices de cette nature ne se hasardent qu'une
fois (2) »...

Corneille avait simplement suivi son génie d'homme
de théâtre et la saveur du fruit défendu n'était que
l'amertume apéritive d'un faux problème. Si faux qu'on
ne sait vraiment plus où s'arrêter : Voltaire reprochait
à Racine d'avoir mêlé des traits comiques au second
acte d'*Andromaque* (3).

(1) Xavier DE COURVILLE, *Un apôtre de l'art du théâtre au
XVIII⁰ siècle, Luigi Riccoboni dit Lélio*, t. I, *1676-1715, L'Expérience italienne*, Paris, Droz, 1943, p. 6.
(2) *L'Illusion comique*, 1636, *Épitre dédicatoire* et *Examen de
l'Illusion;* sur la place de cette pièce dans l'œuvre de Corneille et
ses « éclats de fête foraine », Octave Nadal, *Le Sentiment de l'amour
dans l'œuvre de Pierre Corneille*, Gallimard, 1948, p. 117-119.
(3) VOLTAIRE, *Remarques sur les Discours de Corneille, Œuvres
complètes*, Garnier, t. XXXII, 1880, p. 364 : « Si la pièce n'était
pas un peu affaiblie par quelques scènes de coquetterie et d'amour,
plus dignes de Térence que de Sophocle, elle serait la première
tragédie du théâtre français »; cf. Préface de *Nanine, ibidem*,

Le problème est faux non parce qu'il sépare ce qui devrait être mélangé mais parce qu'il est posé à côté. Le mélange des genres n'est pas plus une solution que leur séparation : il ne s'agit pas des genres.

Que signifie alors ia querelle du mélange et de la séparation des genres? Simplement que l'on a confondu genre et catégorie.

Cette confusion a créé un faux problème en cachant le vrai.

On commence par supposer que les genres existent; on prend leurs définitions pour des faits : ensuite apparaît tout naturellement le problème de leurs rapports. C'est là le faux problème.

Le fait premier est le mélange des catégories : ensuite se pose le problème de la distinction des genres par leurs définitions. Voilà le vrai problème.

Il n'y a nullement à se demander s'il est permis de « coudre », selon un mot de Corneille (1), un morceau de tragédie ou de drame à un morceau de comédie ou de féerie, voire de farce. Mais, étant donné que tragique, dramatique, comique, merveilleux, farce se trouvent « cousus » spontanément dans l'action théâtrale, comment distinguer une tragédie, un drame, une féerie, une farce? Autrement dit : qu'est-ce qu'une tragédie, un drame, une féerie, une farce? qu'est-ce qu'un genre?

D'abord, un genre n'est rien de plus qu'une définition de mot. Le fait, c'est la diversité des catégories dans l'unité de l'action : le genre, c'est l'unification de la pièce à partir de l'une des catégories qui imprègnent son action. Ainsi, l'action de *Hamlet* est tour à tour

t. V, p. 9. Sur la formation et l'importance de la distinction des genres dans l'esthétique classique, voir René BRAY, *La Formation de la doctrine classique*, p. 303 *sq.*

(1) *Épître didicatoire* et *Examen de l'Illusion* : « Tout cela cousu ensemble fait une comédie... »

ou même simultanément tragique, dramatique, comique; on unifie tous ces caractères sous le premier en appelant la pièce : *The Tragedy of Hamlet, prince of Denmark.*

Le genre ne correspond ni à une donnée immédiate de la conscience esthétique ni à un axiome de l'intelligence, mais à une abstraction permettant de ranger les pièces du répertoire : *Hamlet* prend place dans une certaine classe qui porte l'étiquette « tragédie ». Elle y rejoint d'autres pièces, très différentes par le style, par la structure, par la vision du monde qu'elles traduisent, *Prométhée enchaîné, Antigone, Polyeucte, Athalie*, mais que la tradition rapproche dans le même tiroir, où les directeurs de théâtre et les historiens de la littérature les trouveront facilement.

Il ne faut donc pas trop demander au genre. Sa définition exprime une espèce de moyenne entre ces réalités concrètes et complexes que sont les actions dramatiques de certaines pièces considérées comme exemplaires : elle sera évidemment approximative, comme un vêtement de confection qui « va », en principe, à tous les clients d'une certaine taille et ne se trouve exactement ajusté qu'aux formes de quelques-uns. *Le Cid* est pratiquement classé sur le rayon des tragédies : son auteur, toutefois, hésitait, parlant de tragi-comédie.

Les genres ne sont donc ni des essences ni des valeurs.

Les genres ne sont pas des essences. Quand Brunetière parle d' « évolution des genres » et d' « espèces littéraires », il se prend pour un naturaliste qui étudie des formes pourvues de structures objectives et soumises à des lois fonctionnelles (1). Que cette illusion

(1) F. BRUNETIÈRE, *Les Époques du théâtre français, 1636-1850*, Paris, Hachette, 5ᵉ éd., 1914, p. 10 : « Je vous aurais fait comme toucher du doigt les transformations d'un genre littéraire à travers les âges, les moments de son évolution, analogue, sinon tout à fait semblable à celle d'un organisme vivant. » Cf. p. 383-

l'ait conduit à multiplier les observations intéressantes, c'est sûrement ce que l'on oublie trop aujourd'hui; mais on a raison de ne plus le suivre quand il traite des définitions abstraites comme des êtres vivants. Il n'y a pas une tragédie-type au sens où il y a un type du chat et un type du cheval (1). Chaque vision du monde implique un certain tragique : le sens tragique de la vie varie donc avec les visions du monde qui se succèdent ou coexistent à chaque époque. Les formes théâtrales, d'autre part, dépendent de multiples conditions matérielles et morales, à commencer par le lieu où se déroule le spectacle. L'histoire et la philosophie chercheraient vainement la tragédie idéale que réaliseraient plus ou moins fidèlement les ouvrages où les variétés du tragique ont animé la diversité des formes théâtrales, tragédie sans âme ni corps où le tragique ne vivrait dans aucune croyance et resterait indifférent aux exigences de l'espace scénique, *skéné* et *orchrestra* des Grecs, architecture du théâtre élisabethain, cadre de la scène à l'italienne...

Il ne convient pas davantage de prendre les genres pour des valeurs et leur classification pour une hiérarchie. La tragédie n'est point, par essence, supérieure au drame, pour l'excellente raison que ni la tragédie ni le drame ne sont des essences. De même pour la prétendue supériorité de la comédie sur la farce. La valeur d'une tragédie ne tient évidemment pas au fait qu'elle est une tragédie mais à sa densité tragique.

Il n'y a ni bons ni mauvais genres : il n'y a que des

384 et *L'Évolution des genres dans la littérature française*, Hachette, 1890, p. 9, 11-12, 31.

(1) BRUNETIÈRE, *Les Époques du théâtre français...*, p. 384 : « Avec le grand Corneille, nous avons vu la tragédie... atteindre et réaliser en 1636, dans *Le Cid*, la définition ou la notion de son genre... »; cf. p. 389 où il invoque « la nature de ce genre » avec ses « lois intimes, celles que nous trouvons toujours immanquablement réalisées dans les œuvres supérieures ». Voir l'application au *Cid*, p. 24-27.

bonnes et des mauvaises pièces. Le *Caligula* d'Alexandre Dumas père est une tragédie manquée : celui de M. Albert Camus, un drame réussi.

La difficulté est alors de savoir à quoi nous reconnaissons que telle pièce doit être rangée dans la classe des tragédies et telle autre, dans celle des drames? Là où est la difficulté, là est la question.

Une tragédie est, dira-t-on, une pièce dont l'action est surtout tragique; une comédie, une pièce où elle est surtout comique, etc... Mais la réponse passe à côté de la difficulté et fait simplement reculer la question : que signifie « surtout »?

S'agit-il de l'étendue réservée à chaque couleur de la fresque? Peut-être, en effet, les morceaux comiques dans les farces, les morceaux merveilleux dans les féeries représentent-ils une plus longue surface que les autres; ce serait discutable pour les tragédies et les comédies : il y a un tragique diffus qui échappe à toute mesure et un climat comique difficile à localiser. La différence des intensités serait moins brutalement quantitative que celle des étendues : une couleur qui, par son éclat, attire immédiatement l'œil donne, si l'on veut, la tonalité du tableau, n'occuperait-elle que de petits espaces; il y a, cependant, plus de clarté dans la métaphore que de précision dans l'analogie; entre des couleurs juxtaposées pour être perçues simultanément et des catégories mêlées dans une action qui se déroule dans le temps, la comparaison n'est valable que jusqu'à un certain point et c'est en ce point où elle n'est plus valable que, justement, notre question se pose : que signifie « surtout »?

Une hypothèse fixera, sinon la réponse, du moins la direction de la recherche. Revenons à la réalité concrète qui est l'action. Celle-ci n'est pas une succession de moments ayant la même valeur dramatique, c'est-à-dire une valeur par rapport à la structure et au mouvement de l'action elle-même prise dans son unité, qu'il s'agisse de tragédie ou de comédie, de féerie ou de drame Sans doute, dans une pièce bien construite, tout concourt à l'action et l'analyse révèle une espèce de nécessité dans ce qui avait d'abord paru un peu extérieur ou gratuit. Néanmoins, il y a des moments privilégiés, ceux où l'action se noue, avance, se dénoue.

Se dénoue... Ne serait-ce pas le dénouement qui donnerait à la pièce sa tonalité majeure? Ne serait-ce pas lui qui déterminerait le sens de « surtout »?

II. — Du dénouement.

Le dénouement, comme son nom l'indique, dénoue l'action. C'est un événement qui arrive à la suite d'une série d'événements mais qui ne sera suivi d'aucun autre. Or, comment savons-nous qu'il ne sera suivi d'aucun autre? Qu'est-ce qui nous permet de penser ainsi au futur? Il ne suffit évidemment pas de percevoir cet événement en lui-même et rattaché à ceux qui le précèdent immédiatement pour comprendre qu'il est le dernier : il est dernier par rapport à tous les précédents et ne peut être reconnu comme tel que rapporté à tous les précédents. C'est donc le souvenir de la série complète qui, en le situant, éclaire sa fonction : une vision rétrospective double la perception et, par le seul rappel du passé, exclut l'avenir.

Le dénouement réfléchit l'action entière.

Phénomène de réflexion au sens physique du mot. La réflexion, selon l'acception psychologique, viendra après coup, quand l'esprit critique reconstruit la pièce pour en goûter l'architecture, appréciant, par exemple, la progression dramatique des cinq actes qui remplissent les hésitations de Titus et de Bérénice. Mais, au moment même où la Reine prend sa décision, nous savons que le mariage n'est pas remis à des temps meilleurs, que ce départ ne représente pas la suprême tactique de la femme pour assurer son retour, qu'il met fin à l'action nouée par un amour décidément impossible. Une vision rétrospective de l'action est intérieure à la perception de l'événement qui, par elle, est immédiatement compris comme dénouement.

Cette relation apparaît clairement quand la vision rétrospective est en retard sur le dernier épisode. Le rideau tombe. Est-ce que la pièce serait terminée? Une seconde d'hésitation, je regarde mes voisins, cherchant et trouvant dans la salle le signe qui n'est pas venu de la scène. Ils se lèvent... donc, c'est fini. Alors seulement, me tournant vers la pièce, je découvre enfin dans la vision rétrospective ce qui dénoue l'action. La vision rétrospective a rejoint non la perception du dernier épisode mais le souvenir de cette perception : décalage fâcheux, qui démontre cependant sa fonction par la double expérience de son absence puis de sa présence.

Le dénouement réfléchit l'action entière.

L'action et non l'intrigue. M. Pierre-Aimé Touchard a fortement souligné la différence en remarquant que la seconde peut être « des plus compliquée » et la première « demeurer nulle (1) ». La vision rétrospective n'est pas nécessairement une vision panoramique qui juxtaposerait toutes les péripéties de la pièce à côté de la dernière. Une mémoire trop détaillée des épisodes encombrerait même l'esprit au moment où, justement, doit apparaître ce qui distingue l'action des épisodes, surtout dans les œuvres où l'unité de l'action tient à une espèce de création continuée à travers une multiplicité d'épisodes en apparence plus ou moins indépendants.

En quittant la Comédie-Française, après la représentation du *Soulier de satin*, quel spectateur se demande

(1) *Dionysos*, p. 138.

à quoi peuvent bien servir le personnage de Doña
Musique et l'épisode de sa rencontre avec le Vice-Roi
de Naples?

Dans les deux volumes qui constituent le texte originel et complet de l'œuvre, Doña Musique est avant
tout ce que n'est pas Doña Merveille, « une source
d'eau claire auprès d'une flamme ardente (1) »; les deux
destinées sont entrelacées comme un fil d'argent à un
un fil d'or. Le rôle de Doña Musique trouve son centre
dramatique avec sa signification mystique dans l'admirable scène qui ouvre la Troisième journée : dans
l'église de Saint-Nicolas à Prague, peu après la bataille
de la Montagne-blanche, bénie par les saints qui protègent l'Europe chrétienne, la jeune reine confie à Dieu
l'enfant qui vit en elle, ce futur don Juan d'Autriche
appelé à faire reculer l'Islam. La petite lampe qui
brille dans le chœur éclaire l'histoire et la géographie
mystiques qui inscrivent chaque tragédie personnelle
dans une tragédie cosmique. Elle est, certes, trop faible
pour rendre visible l'avenir qui se prépare ici : mais,
au dénouement, nous comprendrons l'importance pour
l'action de cette scène sans action apparente : le fils
de Doña Musique épousera la fille de Doña Merveille,
union si importante à l'économie spirituelle et dramatique de l'œuvre qu'elle en est la dernière pensée arpé-
gée dans le dernier accord.

Dans le découpage qui limite la durée du spectacle,
la scène de Prague tombe. Le dialogue de Doña Musique
avec Doña Prouhèze et sa rencontre avec le Vice-Roi
de Naples subsistent, mais se trouvent coupés de l'action; en même temps, l'action se rétrécit puisqu'elle ne
s'étend plus jusqu'à la mère de Don Juan d'Autriche.
Supposons qu'au dénouement, le film de la pièce jouée
soit brusquement étalé sous nos yeux : l'intermède sici-

(1) Jacques MADAULE, *Le Drame de Paul Claudel*, Desclée,
1936, p. 294.

lien reste en l'air, inutile et précieux comme la guitare
sans cordes de la jeune fille. Bien d'autres détails mena-
ceraient alors la cohérence dramatique de la pièce muti-
lée... En fait, que se passe-t-il quand le spectateur se
lève? L'œuvre tout entière est là, mais fondue dans
une impression de beauté massive qui remplit totalement l'esprit, au delà du désir de comprendre et de la
crainte de ne pas comprendre; seule, l'action simplifiée
par le dénouement se détache, par la puissance même de
son unité : le visage de Rodrigue sanctifié par une
intransigeante volonté de pauvreté, l'image de Prouhèze,
cette « Épée au travers de son cœur (1) », et autour
d'eux, deux destinées solidaires à l'intérieur d'une
unique histoire et de la même tragédie.

Le dénouement réfléchit l'action entière : cela veut
dire aussi que l'action entière se réfléchit dans le dénouement. Qu'en résulte-t-il?
    La vision rétrospective ajoute à l'événement final
la série des précédents sans laquelle on ne compren-
drait pas que, par lui, quelque chose finit. Or, en même
temps, elle ajoute à la série celui par lequel elle devient
une série finie et, véritable choc en retour, la connaissance du dernier renouvelle celle de tous les autres :
la fin introduit une finalité.
    Quand le rideau se lève sur le premier acte, je sais
aujourd'hui que Titus n'épousera pas Bérénice. Par
cette connaissance, chaque démarche des personnages
se trouve rapportée au dénouement qu'elle prépare,
même quand elle semble se diriger vers un autre. L'action a désormais un sens et la pensée de ce sens en
éclaire chaque moment.
    L'action telle que la déroulait la représentation ne
cessait de repousser devant elle et devant moi un point
d'interrogation : où va-t-elle? Quand le point final abolit

(1) Première journée, scène X, t. I, p. 89.

le point d'interrogation, celui-ci est expulsé non seulement du dernier instant mais de tous les précédents. Il était partout dans la vision successive que je prenais de la pièce : il n'est plus nulle part dans la vision rétrospective.

La perception du dénouement reste donc intérieure à la vision rétrospective de l'action tout comme la vision rétrospective de l'action était intérieure à la perception du dénouement. Impossible d'oublier la fin de la tragédie quand je revois le commencement. Ce qui a été dit une fois ne sera plus jamais inédit. Remarquons, en passant, un critère pratique du chef-d'œuvre dramatique. Que reste-t-il d'une pièce médiocre lorsque son action n'est plus soutenue par le désir de savoir ce qui va arriver? La réussite due au seul métier ne survit guère au plaisir d'une soirée. Mais avec Shakespeare, d'autres curiosités remplacent celle dont la mémoire a stérilisé la source : sans doute, une large part doit ici être faite à la joie esthétique qui tient à la beauté du style et que la répétition n'use pas; elle n'exclut pourtant pas celle d'un intérêt proprement dramatique qui nous attache encore à l'action en dépit d'un dénouement trop prévu. Ne pouvant plus me demander où elle va, puisque je le sais, je cherche comment elle y va : la connaissance qui abolit la surprise finale multiplie les surprises tout le long du parcours. Libérée de toute impatience, l'attention s'arrête au détail et la dixième représentation comme la seconde, la première ayant le privilège d'un étonnement unique, lui révèle encore ces mille liens que le génie entrelace dans l'action.

Le dénouement donne son sens à l'action : celle-ci ne lui devrait-elle pas, en même temps, la signification dramatique qui fixera le genre de la pièce? Ne prendrait-elle pas tout simplement la tonalité du dernier événement dans lequel elle se réfléchit?

« Elle est morte. Adieu, Perdican! » *On ne badine pas avec l'amour :* ainsi le badinage qui conduit à cette

vérité n'en était pas un; le « proverbe » ne supporte
que les apparences d'une « comédie ». La vision successive nous fait témoins d'une comédie qui finit mal :
dans la vision rétrospective, est-elle encore une comédie,
si elle finit mal?

Donner à une œuvre un nom de genre, c'est une façon
de l'inscrire dans un catalogue : ce nom doit convenir
à l'œuvre prise dans sa totalité et il est choisi en la
considérant sous la forme achevée qui permet de la
prendre dans sa totalité. En 1946, dans le premier
numéro de *La Revue théâtrale*, M. Armand Salacrou
publiait *L'Archipel Lenoir ou Il ne faut pas toucher aux
choses immobiles*, « tragédie en un acte ». L'année suivante, Mlle Marguerite Jamois présentait au Théâtre
Montparnasse *L'Archipel Lenoir*, « comédie en deux parties ». L'auteur avait ajouté à sa pièce une seconde
partie et celle-ci avait transformé la « tragédie » en
« comédie ». L'acte primitif formait un tout. Un richis-
sime vieillard succombe à une faiblesse qui trahit plutôt
un excès de vitalité. La police va l'arrêter au nom des
lois qui protègent les mineures. Émoi dans la famille.
Pour éviter le scandale, le gendre lui tend un revolver.
Le vieil homme le tourne vers sa tempe, mais, *réalisant*
sa mort, il tire sur son gendre. Vaudeville que termine
un point final dramatique : la pièce est un drame;
M. Salacrou disait une tragédie, mais la différence de
vocabulaire ne change rien au fond. Or, cette première
partie subsiste, telle quelle, avant la seconde, et voici
pourtant qu'elle n'est plus la première partie d'un
drame. Le gendre était seulement blessé et, en y mettant
le prix, tout s'arrangera : ce nouveau dénouement
réagit sur la pièce entière qui devient une comédie.

Les genres sont des manières commodes de nommer
les pièces telles qu'elles apparaissent dans la vision
rétrospective qui gonfle le dénouement. De là notre
embarras à les nommer justement lorsque le dénoue-

ment ne tombe pas sous une catégorie dramatique bien déterminée (1).

La transcendance qui dénoue tragiquement l'action fait la tragédie. De même, la mort ou la menace de mort fait le drame avec le dénouement dramatique. Avec ou sans fées, le dénouement merveilleux classe l'œuvre sous la rubrique : féeries et choses semblables. Le dénouement comique... Attention! Est-ce le dénouement comique qui fait la comédie?

III. — DE LA COMÉDIE.

La comédie oscille du type dont l'irréalité permet le comique à la personne dont l'existence introduit un pôle dramatique. Où l'oscillation va-t-elle s'arrêter? Sur le type ou sur la personne?

Sur la personne? Mais avec elle renaît la sympathie

----

(1) Par exemple, dans quel genre classer les pièces de M. Jean-Jacques Bernard? Un jeune homme de la ville dit à Martine qu'elle est jolie : comment épouserait-elle le brave paysan qui veut en faire sa femme? Le jeune homme de la ville se marie à la ville et Martine épousera son paysan. Où est le dénouement? Le chagrin de Martine ne passera point, mais ce sera un grand silence. Il n'y a pas plus d'anecdote finale que de mot de la fin puisque l'action réelle est dans le secret d'un cœur, au delà des anecdotes et des mots. De *Martine* comme du *Feu qui reprend mal* ou de *L'Invitation au voyage* ou des *Sœurs Guédonnec*, on peut dire « qu'elles ne finissent pas, en ce sens que, le rideau tombé, le drame pourrait continuer dans l'être intime et secret des personnages ». (Paul BLANCHART, *Jean-Jacques Bernard, Masques, cahiers d'art dramatique*, 1928, p. 14). Ou plutôt nous devinons qu'il continue, sans péripéties extérieures, tout le long d'une vie où une voix lointaine et mystérieuse murmure le chant d'Arkel : « Si j'étais Dieu, j'aurais pitié du cœur des hommes! » Aussi M. Jean-Jacques Bernard appelle-t-il ses pièces... « pièces ». M. Jean-Jacques Bernard a réuni les textes anciens dans lesquels il précisait non pas une soi-disant « théorie » du silence mais ses vues sur la qualité dramatique du silence dans *La Revue théâtrale*, n° 6, **juin 1947.**

qui nous attache aux hommes et à leur histoire. Si nous avons pitié de Christian qui tombe au siège d'Arras, si la mort empanachée de Cyrano fait vibrer une corde que l'on croyait cassée, si l'image de Roxane vieillissante émeut notre mélancolie, on comprendra que dans la « comédie héroïque » le finale héroïque altère profondément la nature de la comédie qui s'achève dans une sorte de clair-obscur dramatique.

Sur le type? Le rideau tombe à un moment où la personne s'efface, hors de cette histoire qui coïncide avec sa réalité temporelle, tandis que le personnage jouit de sa pureté typique et comique. Or, un monde où les histoires se nouent et se dénouent avec des hommes sans histoire, un tel monde n'est-il pas celui de la farce? Peu importe le nom : la volonté de terminer comiquement la comédie conduit à un dénouement dont la fantaisie exclut toute ressemblance avec la vie réelle. Ce que montreraient bien les variétés de la comédie : le vaudeville où tout finit par des chansons, la comédie-ballet où la danse et la musique exorcisent les démons du vrai, une certaine comédie-bouffe rajeunie par les exemples du cirque.

De là la difficulté de dénouer les « grandes comédies », celles qui veulent rester « grandes » jusqu'au bout. Peut-être faudrait-il dire : l'impossibilité de les dénouer, du moins sur le plan où leur ambiguïté assurait leur grandeur. Elles semblent condamnées à « tourner » pour finir, au sens où une sauce « tourne » : de la comédie « tournée » en drame ou « tournée » en farce, voilà le risque de leur double jeu.

On comprend la profonde remarque de Schopenhauer sur la comédie : « Elle doit se hâter de baisser le rideau, pour que nous ne voyions pas la suite (1). » La suite,

_____

(1) *Le Monde comme Volonté et comme Représentation*, supplément au 3ᵉ livre, ch. XXXVIII, trad. BURDEAU, t. III, Alcan, p. 249.

c'est-à-dire le retour des personnages à la personnalité, la rentrée dans l'histoire où les types perdent leur pureté.

La façon la plus sûre de rester comédie jusqu'au bout est évidemment de rester comique jusqu'à la dernière réplique. Danses, chansons, gambades, pitreries, voilà qui nous ôte l'envie de « voir la suite ». Peu importe ce qui suivra le mariage de Figaro : finissons « la folle journée » en faisant les fous; en avant les violons!

La pièce ne s'achève pas en farce; elle se dénoue donc dans la vie réelle : soit; mais, si l'on n'est pas Schopenhauer pourquoi en conclure que le drame pointe aussitôt sous la comédie? pourquoi décréter que la vie est malheureuse du seul fait qu'elle est réelle? pourquoi redouter la descente sur la terre comme une descente aux enfers?

La remarque de Schopenhauer doit sa profondeur au fait qu'elle la conserve en dehors du contexte schopenhauerien.

Dans la perspective de Schopenhauer, le mal ne s'ajoute pas l'existence, d'une manière ou d'une autre, mais toujours accidentelle : c'est la volonté de vivre elle-même qui est mauvaise et non telle maladie ou telle passion. Principe essentiellement métaphysique, que l'expérience vérifie en montrant partout l'inquiétude du désir, les variétés de la souffrance, le triomphe des méchants. Calderon a donné la formule parfaite de ce pessimisme dans *La Vie est un songe* : « Le plus grand crime de l'homme, c'est d'être né (1). »

Mais constater que l'existence est dramatique n'est pas juger qu'elle est mauvaise : nul besoin d'être pessimiste ou métaphysicien pour constater que la mort est dans la vie. Ce fait n'implique pas nécessairement une vision du monde où le règne des méchants serait assuré, où toute joie serait illusoire, où la souffrance serait vaine. Jean-Sébastien Bach a chanté : *Komm,*

(1) *Ibidem*, livre III, § 51, t. I, p. 265.

du süsse Todesstunde, « Viens, toi, douce heure de la mort » : la douceur n'abolit pas le drame, mais signifie que l'âme l'a surmonté.

La comédie se hâte de baisser le rideau pour éviter non le spectacle d'une humanité malheureuse dans un monde mauvais mais ce retour à la vie sérieuse où l'existence se sait mortelle, que cette lucidité soit désespérée ou tristement résignée, qu'elle conduise à la révolte ou à la révélation de l'amour : « O mort, où est ta victoire? » Aucune métaphysique particulière n'est en cause dans cette simple constatation : la comédie qui veut rester comédie jusqu'au bout ne peut y parvenir qu'en renonçant à aller jusqu'au bout de la réalité.

Comment s'arrêter? Par quel moyen autre que la fantaisie de la farce? Il existe une formule de dénouement qui n'est pas, à proprement parler, comique; son rôle n'est pas de faire rire : on lui demande simplement de préserver l'atmosphère comique de l'ensemble; il suffit que la comédie puisse se refléter en lui sans s'assombrir. Ainsi, sa fonction primordiale sera de couper court aux sentiments qui empêcheraient la pièce de rester dans la vision rétrospective la comédie qu'elle était dans la vision successive.

Le théâtre, ici encore, laisse les catégories de l'événement jouer comme dans la vie. Celle-ci tolère mal la pensée de la mort. Dans les romances, amour rime avec toujours. Quel travail, quel divertissement, quel projet ne suppose l'oubli des menaces qui pèsent à chaque instant sur l'existence? Des postulats commodes, à peine conscients, en dehors du vrai et du faux, assurent notre action contre le sentiment de l'existence dramatique : ils vont rendre à la comédie le même service.

Marcel a, sans le savoir, épousé Amélie; c'est là un bon tour de l'ami Étienne qui lui a fait prendre pour une cérémonie truquée un mariage en bonne et due forme devant le maire de l'arrondissement. Quelques

heures plus tard, des circonstances cocasses mettent
Étienne et la jeune femme dans une situation telle que
Marcel peut, en dépit de leur parfaite innocence, faire
constater un « flagrant délit »... : « Occupe-toi d'Amélie! »
Le dénouement est ici le dernier rebondissement comique
d'une action comique. Mais qu'Armand épouse Mlle Hen-
riette Perrichon, voilà une perspective qui, en elle-
même, n'a rien de comique : pourtant, le plaisir qu'elle
cause nous empêche de voir plus loin. Un pareil dénouement est au précédent ce que le sourire est au rire : le
fait de se fiancer n'est ni ridicule ni drôle; toutefois, il
en émane une gaîté qui sauve la comédie au moment
où, n'étant plus comique, elle risque de ne plus être
comédie.

Le bonheur n'est pas comique, mais refoule les sentiments qui, laissés à eux-mêmes, se développeraient sur
le mode dramatique : plus exactement, une certaine
image du bonheur que la vie, avant le théâtre, a suscitée pour refouler ces sentiments.

Des axiomes optimistes gonflent le « finit bien », permettant d'affirmer que « tout est bien ». Ils s'affirment,
bien entendu, au niveau du sens le plus commun;
« optimiste » ne renvoie pas à une doctrine de philosophe élaborée pour s'opposer à un pessimisme de
philosophe. « Sincères félicitations », la formule ne mobi-
lise aucune métaphysique et le disciple de Schopenhauer
l'expédie aux jeunes époux avec la même sincérité que
l'apôtre de la repopulation. Certains événements sont
réputés heureux par définition, si absolument heureux qu'ils portent avec eux un bonheur définitif et
deviennent des fins au double sens du mot. Qu'un
homme retrouve sa fortune ou que deux amants se
marient, voilà ce qui s'appellent « bien finir ». Valori-
sations purement arbitraires et qui se gardent d'invoquer la raison ou l'expérience : un vrai dévot pourrait
penser qu'une cure de pauvreté serait fort salutaire
au sieur Orgon et il faut un vigoureux parti pris de

n'être pas sérieux pour décréter que le voyage à deux sera sans orages ni naufrages.

La comédie a besoin de ces évidences du bon cœur qui arrêtent la réflexion avant de constater la fragilité du bonheur et la relativité des biens de ce monde : si le dernier épisode n'est pas de pure fantaisie et se joue dans la vie réelle, du moins est-ce dans une vie réelle protégée du drame, et toutes les précautions se trouvent prises pour empêcher la pièce noire de pointer sous la pièce rose.

A la comédie, le problème est donc moins de finir que de bien finir, même si bien finir n'est pas vraiment finir.

En fait, rire ou sourire, son dénouement est toujours conventionnel. Mais où est exactement la convention?

La convention consiste à baisser le rideau sur l'avenir comme sur le passé. « A suivre » est inquiétant : de quoi demain sera-t-il fait? Abolissons demain. C'est bien là ce que signifient les gambades et les chansons : le divertissement nous divertit de ce qui viendra après. De même ces situations au beau fixe qui ont pourtant l'air d'ouvrir l'instant présent : mais traiter la fortune, l'amour, la gloire comme une assurance sur la vie heureuse, c'est prendre le conditionnel pour le futur. La comédie peut couvrir le rideau de couleurs vives représentant des châteaux, des clairs de lune, des bébés roses : ces images ne sont celles d'aucun modèle et l'avenir peint tombe sur le vrai avec la toile peinte.

Abolissons demain et le présent devient transparent. Plus de menaces ni d'angoisses, plus de prévisions ni de pressentiments, plus de projets ni de préparatifs, l'acte est sans conséquences, la parole sans sous-entendu, le silence sans mystère. Comme la comédie est légère! De la légèreté de ce dernier instant sur qui ne pèse aucun futur.

Cette façon de traiter le temps distingue profondément la comédie de la tragédie et du drame, d'abord par le genre de dénouement qu'elle caractérise, ensuite par l'inévitable choc en retour du dénouement sur l'action.

« Des multitudes d'actes, pendant des années, naissent d'un seul acte, d'un seul instant. Pourquoi (1)? » Oui, pourquoi? Mais c'est un fait et le drame, justement, est cette action qui noue dans le présent le passé à l'avenir, même au moment où elle se dénoue. La mort est dramatique parce qu'avec elle l'avenir est aboli pour l'homme de la scène et pas seulement oublié par l'homme de la salle : la troisième dimension du temps est terriblement évoquée dans le mystérieux événement qui la supprime. Rien de comparable avec un finale de comédie : Ruy Blas perd ce que Figaro escamote. Et puis, la mort engage l'existence de ceux qui survivent : que sera celle de la Reine après avoir laissé Ruy Blas gisant dans la maison de Don Salluste?

La puissance transcendante, elle aussi, dénoue la tragédie dans le temps réel où ce qui finit est doublé par quelque chose qui commence. Un avenir est toujours plus ou moins entrevu, malheureux, comme les pérégrinations d'Œdipe aveugle sur les routes de Grèce, ou heureux, comme la promesse du Rédempteur dans la postérité de Joad. Parfois même, le dépassement que représente l'avenir est le signe de la transcendance tragique. Ainsi, le meurtre de Britannicus n'est pas simplement le dénouement dramatique d'une intrigue de palais : ce qui est tragique, c'est qu'il annonce la naissance d'un démon.

Plût aux Dieux que ce fût le dernier de ses crimes!

Manière parfaitement claire de nous dire, à l'instant où le rideau tombe, que c'est le premier. La transcen-

(1) Henry DE MONTHERLANT, *La Reine morte*, Acte III, scène VII, Gallimard, 1942, p. 179; cf. Acte II, scène I, p. 78-79.

dance tragique tient alors à ces assassinats futurs qui font du personnage un « possédé » ou, selon la juste expression de la Préface, un « monstre naissant ». En particulier, que sa mère doive être la prochaine victime, le spectateur n'a nul besoin d'avoir appris l'histoire romaine pour le deviner, de sorte qu'un avenir très précis se trouve dessiné par l'action, et, avec sa lucidité d'homme de théâtre, Racine indique lui-même que l'action doit à la présence de cet avenir une partie de sa valeur tragique : « ...et ma tragédie n'est pas moins la disgrâce d'Agrippine que la mort de Britannicus. »

Le caractère conventionnel du dénouement dans la comédie est lié à une relation au temps qui le distingue radicalement du dénouement dans le drame et la tragédie. Son rôle n'est donc plus tout à fait le même dans l'économie de la pièce ni, par suite, dans la détermination du genre.

Un drame n'est complètement drame que par un finale dramatique. Une tragédie est pleinement tragédie quand tout en elle exige une manifestation décisive de la transcendance qui commande la dernière péripétie. Une féerie ne serait pas vraiment féerie si elle ne s'achevait dans le merveilleux. Une mort subite, une intervention surnaturelle imprévue, un prodige que rien n'annonçait, pourraient projeter leur lumière propre sur la pièce entière qui deviendrait in extremis drame, tragédie, féerie.

Et la comédie? La comédie-bouffe ne mériterait pas son nom si la dernière scène n'était bouffonne. Il est normal que des danses terminent la comédie-ballet. Mais la comédie tout court? Ici, le dénouement importe beaucoup moins que la situation à dénouer.

Si l'on essaie de mettre sous chaque mot une chose précise, la comédie doit le sien à une oscillation ou plutôt elle est cette oscillation. Elle cesserait d'être comédie si l'oscillation s'arrêtait et, comme il faut bien baisser le rideau, le dernier moment doit se jouer en dehors du type qui appelle la farce et de la personne qui appelle le drame. Autrement dit, ne pouvant être en même temps conforme à la nature du type et à la nature de la personne, le dénouement de la comédie est artificiel et, de ce fait, lui est trop extérieur pour ne pas le rester dans la vision rétrospective.

La comédie est comédie beaucoup plus par ce qui précède le dénouement que par le dénouement; on demande à celui-ci beaucoup moins de la qualifier comme comédie que de ne point compromettre cette qualité acquise sans lui.

Telle est la grande leçon de Molière.

Ses comédies mettent en lumière une vérité fondamentale : le type est immuable, ce qui interdit tout dénouement par altération du type.

Que peut-il arriver au type en tant que tel? Rien. Tout ce qui arrive entre dans la personne qui lui sert de support, s'il y en a une, mais glisse à la surface du type. Pourtant, dira-t-on, Pierrot, Arlequin, Colombine sont bien des types purs et, en même temps, les héros d'aventures où ils sont amoureux, trompés, battus... comment prétendre qu'il ne leur arrive rien? En ce sens, justement, qu'ils entrent dans des histoires et qu'aucune n'entre en eux pour devenir leur histoire. Ils se trouvent mêlés à des événements qui leur restent étrangers : si Pierrot est gourmand, aucune indigestion ne l'empêchera d'être ce qu'il est.

La comédie n'a donc pas la possibilité de se dénouer par la mort du type. L'Avare devenant généreux est simplement une contradiction. Si Alceste se convertit à une sagesse plus humaine, il n'est plus le Misanthrope mais une âme qui a traversé une crise de misanthropie. Si Tartuffe se jette aux genoux de ses victimes, il n'est plus l'Imposteur mais un misérable qu'une longue vie d'impostures n'a pas identifié avec son vice.

La présence du type impliquerait-elle alors que le caractère est immuable et qu'Harpagon, Alceste, Tartuffe recommenceront demain? Non. Ce qui est immuable, ce sont les caractères du type et non le caractère de la personne, c'est le type du barbon amoureux et non M. Arnolphe, qui est peut-être guéri.

Rien ne prouve que la personne soit prisonnière de son type; toutefois, comme nous ignorons ce qu'elle fera demain, il faut bien s'en tenir à ce qu'elle est aujourd'hui. La comédie a cinq actes : ce qui se passera après le cinquième appartient à une autre pièce qui n'est peut-être plus une comédie. Or, une pièce qui n'existe pas ne change rien au sujet d'une comédie qui existe. Ce que Molière a voulu montrer, est-ce le Misanthrope ou la guérison d'un misanthrope? est-ce l'Imposteur ou la rédemption d'un imposteur? est-ce le Barbon amoureux ou un barbon délivré de l'amour? Dans le second cas, il n'y aurait plus type; dans le premier, le type n'est type que s'il tient jusqu'au bout.

Cette permanence du type dans la comédie interdit tout finale sur le mode dramatique.

Molière connaît le moyen le plus sûr de « bien finir » : couper complètement le contact avec une humanité trop facilement émouvante. Danses et chants écarteront tout ce qui serait plus sérieux que notre amusement. *Le Bourgeois gentilhomme* et *Le Malade imaginaire* sont des comédies-ballets où le trait d'union est un signe plus que typographique : le ballet assure la pureté comique de la comédie dans l'apothéose burlesque du type.

Celles que nous appelons ses « grandes comédies » ne s'achèvent ni sur une note dramatique ni dans la bouffonnerie : en évitant la première, le poète sauve la comédie, et la grandeur en évitant la seconde. C'est même pour avoir essayé une troisième voie qu'il a déconcerté ses commentateurs les plus éclairés.

Nous sommes très loin d'une certaine « indifférence »

au dénouement qui en expliquerait la « maladresse »
et qui lui fut si volontiers reprochée ou pardonnée (1).
Émile Faguet avait déjà finement distingué « factice »
et « accidentel (2) ». L'accident, une lettre ou l'intervention de la police, n'est pas, en soi, impossible.
Nul doute « que l'accident est dans la vie » : aussi
communique-t-il au dénouement « une vraisemblance
relative ». Voilà l'excuse d'un dénouement qui n'a pas
tout à fait l'air d'être vrai mais qui pourrait l'être et
qui, dans la mesure même de cette possibilité, n'est
point « factice ».

« Apprenez, pour vous confondre, que son fils, âgé de
sept ans, avec un domestique, fut sauvé de ce naufrage
par un vaisseau espagnol; et que ce fils sauvé est celui qui
vous parle. Apprenez que le capitaine de ce vaisseau, touché de ma fortune, prit amitié pour moi (3) », etc. Il
y a des naufrages en mer. On ne voit pas pourquoi un
capitaine espagnol ne deviendrait pas le meilleur des
pères pour un enfant sauvé des eaux. Dans ce récit de
Valère, rien n'est invraisemblable et tout, cependant,
nous dispense de croire qu'il faut y croire.

Chaque événement est un accident et, selon la juste
observation de Faguet, « l'accident est dans la vie »; mais,
en s'accumulant, les accidents cessent de paraître acci-
dentels et ressemblent à un arrangement trop visible-
ment voulu pour ne pas donner l'impression d'être « factice ».

---

(1) Gustave LANSON, *Histoire illustrée de la Littérature française*, Hachette, 1923, t. I, p. 388. Cf. A. DE MUSSET, *Une Soirée
perdue* :

> *Ce n'était que Molière, ... nous savons de reste*
> *Que ce grand maladroit, qui fit un jour Alceste,*
> *Ignora le bel art de chatouiller l'esprit*
> *Et de servir à point un dénouement bien cuit.*

(2) E. FAGUET, *Le XVIIᵉ siècle*, p. 286-288.
(3) *L'Avare*, Acte V, scène V.

La vigilance du Prince dans *Tartuffe*, les bienheureux naufrages et les longs voyages qui aident à terminer *L'Avare* et *L'École des femmes*, les fausses lettres des *Femmes savantes* et même les vraies lettres du *Misanthrope* ne paraissent guère plus naturels que la foudre céleste qui anéantit Don Juan. Mais ici, « pas naturel » ne renvoie ni au surnaturel de la transcendance tragique ni au merveilleux de l'irréalité féerique. C'est tout simplement du « factice ».

Mais du « factice » volontairement et consciemment accepté.

Ces dénouements relèvent, au fond, du merveilleux, mais du merveilleux en tenue de ville. Tout s'arrange à la fin de *L'Avare* comme si un bon génie avait mené le jeu. A la dernière scène de *Tartuffe* le Roi tient un peu l'emploi des fées. Quand Arnolphe s'en va, « tout transporté et ne pouvant parler », Oronte demande : « D'où vient qu'il s'enfuit sans rien dire? » La question, en fait, restera sans réponse. Arnolphe est désespéré; son « ouf! » est le cri d'une douleur qui l'étouffe; mais la comédie doit « bien finir »; il faut bien vite oublier cette peine dans l'allégresse générale.

Et rendre grâce au ciel qui fait tout pour le mieux.

Formule non de piété mais de magie, de magie banale et prosaïque qui fait tomber le rideau au bon moment.

Ce bon moment n'est ni du réel ni de l'irréel mais du pseudo-réel, ce qui permet à la comédie de ne s'achever ni en drame ni en farce.

Pseudo-réelles, les histoires qui dénouent l'action ne sont pas dramatiques. Pourtant, quoi de plus pathétique qu'un naufrage, de plus touchant qu'un capitaine à l'âme tendre... Personne ne palpite, pas même l'auteur. Pseudo-réelles, ces histoires ne sont pas comiques : elles miment des scènes de la vie sérieuse, qui sont parfois loin d'être drôles. Ainsi, assez loin du réel pour

éviter l'émotion et de l'irréel pour écarter le rire, elles
introduisent à la fin de la comédie ces évidences du
bon cœur qui empêchent de regarder trop loin.

Il ne faut pas nous laisser le loisir de penser à la
vieillesse d'Harpagon, à la solitude d'Arnolphe, à la
douleur d'Alceste, au procès de l'escroc qui se faisait
appeler M. Tartuffe. Le drame sera esquivé mais tout
en refusant l'évasion comique. Nous n'assisterons pas
à une canonisation burlesque de l'Imposteur, ni on ne
nous montrera l'Avare courant « voir sa chère cassette »
au son argentin des clochettes; Arnolphe ne finira point
en barbon de carnaval; pas davantage Alceste ne dis-
paraîtra sous un Misanthrope « en majesté », battant du
pied la cadence tandis qu'une ronde de petits marquis
isole et affole Célimène. Le dénouement met le type
hors d'usage comme la personne hors de notre vue.

On ne lui demande rien de plus. Sa fonction n'est
pas de dénouer et aussi d'émouvoir, ou de dénouer et
aussi de faire rire : il est fabriqué à seule fin de dénouer.
Et voici l'audace de Molière : la loi de la comédie n'essaie pas de se faire prendre pour une loi du réel; la
nécessité théâtrale ne se déguise pas en thème métaphysique; « tout est bien qui finit bien » n'a aucune
prétention à signifier : « tout est pour le mieux dans le
meilleur des mondes ». Avec une brutale franchise, d'autant plus intéressante qu'elle est plus spontanée, Molière
reconnaît que le dénouement de la comédie est par
delà le vrai et le faux, étant, d'ailleurs, secondaire ou
mieux : second.

« Indifférence » de Molière non pas au dénouement
mais à l'apparence plus ou moins conventionnelle du
dénouement. « Maladresse » de Molière non par défaut
d'imagination mais par lucidité. Si le dénouement est
toujours conventionnel dans la comédie qui veut rester
comédie, à quoi bon ruser avec la loi du genre? Il serait
vain de prétendre nous faire croire que les histoires de la
vie se terminent comme celles du théâtre : l'homme de

théâtre se dépêche d'arrêter les siennes au moment où
elles pourraient se terminer comme celles de la vie,
sans cacher ni sa hâte ni son intention.

A parler exactement, il ne s'agit plus de finir mais
d' « en sortir ». Molière ne prend pas la peine de camou-
fler artificiellement ce qui est nécessairement artificiel dans la « sortie ».

Que son existence engage l'homme dans une action tragique ou qu'il se dégage de l'existence en se racontant des histoires merveilleuses, que l'existence se révèle dramatique ou qu'on la prenne par « le bon côté », celui qui n'empêche jamais de « danser en rond », les divertissements du théâtre mettent en jeu, et dans le jeu, les questions les plus impérieuses de la métaphysique. Aussi les philosophes auraient-ils raison de trouver ce petit livre bien léger pour un si grave sujet. Mais sa fin est plutôt de leur préparer la voie que de les satisfaire.

La philosophie et l'esthétique du théâtre doivent se constituer à travers une histoire comparée des arts du théâtre et en faisant appel à de multiples sciences, psychologie et psychanalyse, sociologie et ethnographie. Toutefois, une vue d'ensemble peut être commode, permettant de poser, de situer et de soupeser les problèmes fondamentaux. Une telle esquisse, par sa nature même, s'adresse simplement à tous ceux qui aiment le théâtre et qui ne refusent pas l'effort de réfléchir sur ce qu'ils aiment, sachant que la meilleure façon d'aimer est encore de chercher à comprendre.

« Conclusion » ne conviendrait pas plus ici que « dénouement » à la fin d'un premier acte. Ces pages ne sont rien de plus qu'une scène d'exposition.

APPENDICE A LA NOUVELLE ÉDITION

Principaux ouvrages parus depuis 1952 touchant les questions traitées dans cet ouvrages :

I. COLLECTION **U**, SÉRIE « LETTRES FRANÇAISES ».

Jacques MOREL, *La Tragédie*, Paris, A. Colin, 1964.

Michel LIOURE, *Le Drame*, Paris, A. Colin, 1963.

Pierre VOLTZ, *La Comédie*, Paris, A. Colin, 1962.

II. RECUEILS :

Théâtre et Collectivité, Communications présentées par André VILLIERS, Paris, Flammarion, Bibliothèque d'Esthétique, 1953.

Questions d'Esthétique théâtrale, n° spécial de la *Revue d'Esthétique*, janvier-mars 1960.

Réalisme et Poésie au théâtre, Conférences du Théâtre des Nations (1957-1959) et des Entretiens d'Arras (1958), réunies et présentées par Jean JACQUOT, Paris, C.N.R.S., 1960.

Le Théâtre tragique, Conférences d'Angers (juin 1959) et Royaumont (mai et décembre 1960), réunies et présentées par Jean JACQUOT, Paris, C.N.R.S., 1962 [importantes études en particulier sur le rôle excessif généralement accordé à la fatalité dans la tragédie antique, sur la liberté et le tragique, sur la question du dénouement heureux].

Notre Théâtre. Théâtre moderne et public populaire, n° spécial, *Esprit*, mai 1965 [notamment la rubrique : « vocation politique et ambiguïté tragique »].

Tragic und Tragödie, Herausgegeben von Volkmar SANDER, Darmstadt, 1971 [nombreuses notes bibliographiques].

OUVRAGES ET ARTICLES :

Max SCHELER, « Le phénomène du tragique », dans *Mort et Survie*, Paris, Aubier, 1952.

Paul RICŒUR, « Sur le tragique », *Esprit*, mars 1953. — « Culpabilité tragique et culpabilité biblique », *Revue d'his-*

toire et de philosophie religieuses, 1953, n° 4. — *Finitude et culpabilité*, Paris, Aubier, 1960, t. II notamment.

Lucien GOLDMANN, *Racine*, Paris, L'Arche, 1956 ; *cf. Le Théâtre tragique*, supra.

Jacques TRUCHET, *La tragédie classique en France*, Paris, P.U.F., 1975.

Alain ROBBE-GRILLET, *Nature, humanisme, tragédie*, N.R.F., octobre 1958, ou : *Vers un nouveau roman*, Paris, Éditions de Minuit, 1963, et : Collection « Idées », Gallimard, 1964 [important pour le refus du tragique].

George STEINER, *The Death of Tragedy*, 1961 ; trad. française : *La Mort de la tragédie*, Paris, Seuil, 1962.

Jacques MAURENS, *La tragédie sans tragique, Le néo-stoïcisme dans l'œuvre de Pierre Corneille*, Paris, A. Colin, 1966.

Alberto MARTINO, *Storia delle teorie drammatiche nella Germania del Settecento* (1730-1800), I, *La Drammaturgia dell' illuminismo*, Université de Pise, 1967 [histoire des théories du tragique].

Jean-Marie DOMENACH, *Le retour du tragique*, Paris, Seuil, 1967 [c. r. Henri GOUHIER, *Studi francesi*, Turin, n° 37, 1969, p. 194-195].

Pierre-Aimé TOUCHARD, *Dionysos, Apologie pour le théâtre, L'Amateur de théâtre ou la Règle du jeu*, Paris, Seuil, 1968.

Pierre-Aimé TOUCHARD, *Le Théâtre et l'Angoisse des hommes*, Paris, Seuil, 1968.

Henri GOUHIER, *Réflexions sur le tragique et ses problèmes*, Revue de Théologie et de Philosophie, Lausanne, 1971, V.

Alfred SIMON, *Les signes et les songes, essai sur le théâtre et la fête*, Paris, Seuil, 1976.

Paul CLAUDEL, *Mes idées sur le théâtre*, Préface et présentation de Jacques PETIT et Jean-Pierre KEMFF, Paris, Gallimard, 1966.

Jacques MADAULE, *Le Drame de Paul Claudel*, Édition entièrement mise à jour, Paris, Desclée De Brouwer, 1964.

Marianne MERCIER-CAMPICHE, *Le Théâtre de Claudel ou la puissance du grief et de la passion*, Paris, J. J. Pauvert, 1968.
– *Paul Claudel, 1868-1968*, Revue d'histoire du théâtre, 1968, n° 3.

Michel LIOURE, *L'Esthétique dramatique de Paul Claudel*, Paris, Armand Colin, 1971.

Auguste STRINBERG, *Théâtre cruel et théâtre mystique*. Préface et présentation de Maurice GRAVIER, trad. Marguerite DIEHL, Paris, Gallimard, 1964.

Huguette LAURENTI, *Paul Valéry et le théâtre*, Paris, Gallimard, 1973.

Bertolt BRECHT, *Écrits sur le théâtre*, trad. Jean TAILLEUR, Gérald EUDELINE et Serge LAMARE, Paris, L'Arche, 1963. — Voir : Bernard DORT, *Lecture de Brecht*, Paris, Seuil, 1960 ; ... *suivi de « Pédagogie et Forme épique »*, ibidem, 1967, ou : collection de « Point », ibidem, 1972 [bibliographie jusqu'en novembre 1971] ; *Théâtre en jeu*, Seuil, 1979, [2e partie].

Marc CHAPIRO, *L'illusion comique*, Paris, P.U.F., 1940 [bibliographie historique].

Max EASTMAN, *Plaisir du rire*, Paris, Société d'édition d'enseignement supérieur, 1958.

André VILLIERS, *Le comique et les emplois*, Diogène, n° 75, juillet-septembre 1971.

Marian Hannah WINTER, *Le Théâtre du Merveilleux*, Paris, O. Perrin, 1962.

– *Le merveilleux et les arts du spectacle*, Revue d'histoire du théâtre, janvier-mars 1963.

Marie-Françoise CHRISTOUT, *Le Merveilleux et le « théâtre du silence » en France à partir du XVIIe siècle*, Paris, Mouton, 1965.

Jean STAROBINSKI, *Portrait de l'artiste en saltimbanque*, Genève, Albert Skira, « Les sentiers de la création », 1970.

Marie Collins SWABEY, *Comic Laughter, A Philosophical Essay*, 1961, Yale University Press ; 2e éd. Arcachon Books, 1970.

Robert ABIRACHED, *La crise du personnage dans le théâtre moderne*, Paris, Grasset, 1978.

TABLE DES MATIÈRES

Imprimerie de la Manutention à Mayenne – Juillet 2004 – N° 249-04
Dépôt légal : 3ᵉ trimestre 2004

Imprimé en France